내 인생   첫 번째   태국어

내첫태
55패턴
태국어회화

내 인생 첫 번째 태국어
55패턴 태국어회화

초판 1쇄 발행 2017년 9월 19일
2판   1쇄 인쇄 2024년 5월 27일
2판   1쇄 발행 2024년 6월 5일

지은이   최가을
발행인   임충배
홍보/마케팅   양경자
편집   김인숙, 왕혜영
디자인   정은진
펴낸곳   도서출판 삼육오(Pub.365)
제작   (주)피앤엠123

출판신고 2014년 4월 3일
등록번호 제406-2014-000035호

경기도 파주시 산남로 183-25
TEL 031-946-3196 / FAX 031-946-3171
홈페이지 www.pub365.co.kr

ISBN 979-11-92431-61-1 13730
© 2024 최가을 & PUB.365

내 인생 · 첫 번째 · 태국어

내첫태

Thai

저자 최가을

55패턴
태국어회화

PUB

어떻게 공부해야 할까요?

태국어를 처음 공부한다면 혹은 태국어의 어려움을 겪고 있다면 어떻게 하는 것이 과연 효율적인 공부법일까요? 저자는 먼저 눈과 입으로만 시작할 것을 추천합니다. 눈으로 태국어 글자의 전반적인 흐름을 보며 입으로는 이 언어에 대해 자연스럽게 느끼도록 적응시켜놓는 것이지요.

언어 공부에 있어서 승자는 언제나 꾸준히 하는 학습자입니다. 이 꾸준함의 원동력은 바로 자신감에서 비롯되는데 이 자신감은 또 다른 자신감과 연결되어 결국은 자신이 잘하는 혹은 좋아하는 공부로까지 연결됩니다. 특히, 태국어와 같이 한글과 완전히 다른 형태의 언어일수록 더더욱 그래야 합니다. 생소한 문자는 처음부터 거부감이 드는 것은 물론이고 우리말에 없는 발음, 성조, 장모음, 단모음까지 글자 하나를 읽기 위해서는 많은 시간과 노력이 필요합니다. 바로 이 단계에서 중도 포기하는 학습자가 많이 나옵니다. 그러니 처음부터 깊게 공부하기보다는 태국어의 전반적인 밑그림을 그린다 생각하며 천천히 나아가기를 당부합니다.

본 책의 55개 패턴을 눈과 입으로만 끝내도 태국어의 흐름을 잡을 수 있습니다. 어느 정도 자신감이 생겼다면 본 책의 첫 페이지로 돌아와 글자 공부를 시작해도 늦지 않습니다. 오히려 반복을 함으로써 습득 능력이 빨라지고 보다 더 편안하게 공부를 할 수 있는 밑거름이 될 것입니다.

저자 최가을

이 책의 특징

1. 태국어 유튜브 스타의 동영상 강의 무료 제공 (QR코드)

태국어의 기초를 유튜브 스타 어텀 데이지 쌤과 함께 하세요.
짧고, 굵은 태국어 기초 동영상 수업을 무료로 제공합니다.

2. 태국어 따라 쓰기 등 다양한 부가 학습자료 무료 제공

기호같이 보였던 태국어를 글자로 인지할 수 있도록 태국어 기초 자음/모음 따라 쓰기,
태국어 말하기 훈련 북, 원어민 남녀 성우의 패턴 훈련용 MP3를 무료로 제공해드립니다.

3. 회화 + 태국어 쓰기까지 두 마리 토끼를 잡자

회화뿐만 아니라 태국어를 직접 따라 써 볼 수 있게 구성되어 있습니다. 따라 쓰다 보면
어느새 눈에 익혀져 글자를 이해할 수 있습니다.

4. 55개 패턴으로 기초 회화가 가능

태국 여행 시 가이드에게 들었던 컵쿤캅, 사와디캅만 알고 있었는데 이제는 태국에서
가이드 없이 55개 패턴으로 기초 대화가 가능합니다.

5. 흥미로운 태국 문화 만나기

문화를 알면 그 나라의 언어를 배우기가 쉬워진다는 말이 있습니다.
현지에서 도움이 되는 흥미로운 태국 생활 및 문화를 만날 수 있습니다.

학습 방법

본 책은 **55개의 회화 패턴과 275 문장의 성조**를 집중 연습 할 수 있도록 구성되어 있습니다.

ก	꺼-까이	ก	ก	ก	ก
-า	아-	-า	-า	-า	-า

STEP 1

생소한 태국어의 자음/모음이 어떻게 생겼나 한번 보세요. 그리고 그 글자들을 직접 그려도 보시고요. 익숙해질 때쯤이면 그림이 아니라 글자로 보실 수 있으실 것입니다.

* 태국어 자음/모음 따라 쓰기 노트 무료 다운로드

STEP 2

본 챕터에서 배울 패턴이 다섯 문장 안에서 어떻게 사용되는지 확인합니다. 실생활에서 자주 사용되는 친근한 문장들로 구성하여 보다 쉽게 학습할 수 있습니다. 원어민 음성을 듣고 꼭! 소리 내어 읽으며 연습합니다.

* 남녀 원어민 음성 무료 다운로드

• 태국어의 기본 어순은 [주어+동사+목적어] 로 이루어진다.

패턴 꽉!

- 나는 교수이다. ฉัน เป็น อาจารย์
- 나는 학생이다. ฉัน เป็น นักเรียน
- 나는 선생님이다. ฉัน เป็น ครู
- 나는 엄마이다. ฉัน เป็น แม่

MP3 / VOD

STEP 3

해설 +

[~이다]의 뜻을 가진 동사로 เป็น[뻰]과 คือ[크-]가 있다.

เป็น[뻰]은 어떤 정보를 주거나 설명을 할 때 사용하고

คือ[크-]는 "이것은 사과다 & 사과는 이것이다" 이렇게 앞뒤에 관계가 인다. 보통 정확한 장소, 사물, 고유명사를 가르킬 때 사용한다.

패턴을 꽉 잡을 수 있는 보강 설명이 있으니 꼭! 확인하고 넘어가세요. 더불어 본 패턴에 대한 동영상을 무료로 제공합니다. 어텀 데이지 선생님의 저자 직강으로 한 번 더 완벽히 학습해보세요.

* QR코드 동영상 제공

* 홈페이지(www.pub365.co.kr) 도서자료실에서
다양한 학습자료 및 원어민 MP3를 무료로 다운로드할 수 있습니다.

✌️ 어휘 더하기!

- **ฉัน** 여자 1인칭 대명사
  찬

- **นักเรียน** 학생
  낙리-얀

- **อาจารย์** 교수
  아-짠-

- **ครู** 선생님
  크루-

STEP 4

앞서 학습했던 다섯 문장에 쓰인 어휘를 확인하는 단계입니다. 실생활 사용 빈도수가 높은 어휘는 다음 챕터에서 계속 반복되어 사용되니 자연스럽게 반복 학습이 가능합니다.

STEP 5

앞서 배웠던 다섯 문장의 성조를 확인하는 단계입니다. 성조에 따라 그 의미가 달라질 수 있으니 성조 표기를 참고하여 다시 따라 말해보세요.

- **ฉัน เป็น อาจารย์**
  찬   뻰   아-짠-
  나는 교수이다.

- **ฉัน เป็น นักเรียน**
  찬   뻰   낙리-얀
  나는 학생이다.

- **หมอ** 의사
  머-

- **นักร้อง** 가수
  낙렁-

- **ทหาร** 군인

- **ตำรวจ** 경찰
  땀루-앗

- **พ่อครัว** 요리사
  퍼-크루-아

- **นางพยาบาล** 간호사

나는 의사이다	찬 뻰 머

STEP 6

학습한 패턴을 활용하여 문장을 만들어 보는 단계입니다. 새로운 단어를 보며 연한 태국어 문장을 따라 적어보세요. 다 써본 후에는 원어민 음성을 들으며 꼭! 큰 소리로 따라 말해보세요.

* 남녀 원어민 음성 무료 다운로드

목차

INTRO 태국어 필수&기초 지식!

- 자음   012p
- 모음   016p
- 성조   018p
- 예외 경우   020p
- 숫자   023p
- 성조를 구별하는 마지막 총정리   023p

01장 7개의 기본 패턴!

생생문화 01   태국 음식

01	～이다	เป็น	028p
02	높임말	ค่ะ/ครับ	032p
03	부정형 1	ไม่	036p
04	부정형 2	ไม่ใช่	040p
05	과거형	แล้ว	044p
06	미래형	จะ	048p
07	현재진행형	กำลัง	052p

02장 9개의 의문 패턴!

생생문화 02 달달한 태국 커피!

08	누가, 누구	ใคร	060p
09	언제	เมื่อไหร่	064p
10	어디	ที่ไหน	068p
11	무엇	อะไร	072p
12	어떻게	อย่างไร	076p
13	왜	ทำไม	080p
14	얼마	เท่าไหร่	084p
15	몇	กี่	088p
16	어느	ไหน	092p

03장 4개의 의문 확장 패턴!

생생문화 03 과일의 왕국 태국

17	의문문	ไหม	100p
18	그렇지?	ใช่มั้ย	104p
19	할 수 있어?	ได้ไหม	108p
20	해본 적 있어?	เคย ...ไหม	112p

04장 3개의 비교 패턴!

생생문화 04 태국 날씨

21	비교급	กว่า	120p
22	최상급	ที่สุด	124p
23	~처럼, ~같이	เหมือน	128p

05장 2개의 단어/문장 연결 패턴!

생생문화 05   특별한 태국 선물!

24 연결어 1   ที่   136p
25 연결어 2   ว่า   140p

06장 8개의 전치사 패턴!

생생문화 06   세계적인 물 축제! 송끄란!

26 ~안에   ใน   148p
27 (장소)~에서, ~부터   จาก   152p
28 ~관해, ~대해   เกี่ยวกับ   156p
29 ~와 함께   กับ   160p
30 ~위해서   สำหรับ   164p
31 ~에서   ที่   168p
32 ~의   ของ   172p
33 (시간)~부터~까지   ตั้งแต่...ถึง...   176p

07장 8개의 시간부사 패턴!

생생문화 07   또 다른 축제 로이끄라통!

34 보통   ปกติ   184p
35 때때로   บางครั้ง   188p
36 항상   เสมอ   192p
37 ~한 적이 없다   ไม่เคย   196p

38	아직	ยัง	200p
39	마침내	ในที่สุด...ก็...	204p
40	~전에	ก่อน	208p
41	~후에	หลัง	212p

08장 9개의 접속사 패턴!

생생문화 08   태국에 숨은 여행지 TOP3

42	~할 때	เวลา	220p
43	그리고	และ	224p
44	또는	หรือ	228p
45	만약에	ถ้า	232p
46	그리고 나서	แล้วก็	236p
47	왜냐하면	เพราะว่า	240p
48	그러나	แต่	244p
49	그래서, 그러므로	ดังนั้น	248p
50	~하는 대로	พอ...ก็...	252p

09장 5개의 추측/부탁등 패턴!

생생문화 09   태국! 이것만큼은 꼭 알고 가자!

51	아마도	อาจจะ	260p
52	~해도 상관없다	ก็ได้	264p
53	~하지 마라	อย่า	268p
54	~해주세요	กรุณา	272p
55	~해서 축하해	ยินดีด้วยที่...	276p

INTRO 태국어 필수&기초 지식!

01. 자음

태국어의 자음은 44자로 이루어져 있으며 초자음과 종자음을 낼 수 있다.

ก	명칭	꺼–까이	ข	명칭	커–카이
	초자음	ㄲ		초자음	ㅋ
	종자음(받침)	ㄱ		종자음(받침)	ㄱ
ฃ	명칭	커–쿠–엇	ค	명칭	커–콰–이
	초자음	ㅋ		초자음	ㅋ
	종자음(받침)	ㄱ		종자음(받침)	ㄱ
ฅ	명칭	커–콘	ฆ	명칭	커–라캉
	초자음	ㅋ		초자음	ㅋ
	종자음(받침)	ㄱ		종자음(받침)	ㄱ
ง	명칭	응어–응우–	จ	명칭	쩌–짠–
	초자음	ng		초자음	ㅉ
	종자음(받침)	o		종자음(받침)	ㅅ
ฉ	명칭	처–칭–	ช	명칭	처–창–
	초자음	ㅊ		초자음	ㅊ
	종자음(받침)	—		종자음(받침)	ㅅ
ซ	명칭	써–쏘–	ฌ	명칭	처–츠ㅓ
	초자음	ㅆ		초자음	ㅊ
	종자음(받침)	ㅅ		종자음(받침)	—

ญ	명칭	여-잉	ด	명칭	더-덱
	초자음	y		초자음	ㄷ
	종자음(받침)	ㄴ		종자음(받침)	ㅅ
ฎ	명칭	더-차다-	ต	명칭	떠-따오
	초자음	ㄷ		초자음	ㄸ
	종자음(받침)	ㅅ		종자음(받침)	ㅅ
ฏ	명칭	떠-빠딱	ถ	명칭	터-퉁
	초자음	ㄸ		초자음	ㅌ
	종자음(받침)	ㅅ		종자음(받침)	ㅅ
ฐ	명칭	터-탄-	ท	명칭	터-타한-
	초자음	ㅌ		초자음	ㅌ
	종자음(받침)	ㅅ		종자음(받침)	ㅅ
ฑ	명칭	터-몬토-	ธ	명칭	터-통
	초자음	ㅌ		초자음	ㅌ
	종자음(받침)	ㅅ		종자음(받침)	ㅅ
ฒ	명칭	터-푸-타오	น	명칭	너-누-
	초자음	ㅌ		초자음	ㄴ
	종자음(받침)	ㅅ		종자음(받침)	ㄴ
ณ	명칭	너-넨-	บ	명칭	버-바이마이
	초자음	ㄴ		초자음	ㅂ
	종자음(받침)	ㄴ		종자음(받침)	ㅂ

ป	명칭	빠-쁠라-	ย	명칭	여-약
	초자음	ㅃ		초자음	y
	종자음(받침)	ㅂ		종자음(받침)	이
ผ	명칭	퍼-픙	ร	명칭	러-르-아
	초자음	ㅍ		초자음	ㄹ(r)
	종자음(받침)	—		종자음(받침)	ㄴ
ฝ	명칭	풔-화-	ล	명칭	러-링
	초자음	f		초자음	ㄹ(l)
	종자음(받침)	—		종자음(받침)	ㄴ
พ	명칭	퍼-판-	ว	명칭	워-왠-
	초자음	ㅍ		초자음	w
	종자음(받침)	ㅂ		종자음(받침)	우
ฟ	명칭	풔-환	ศ	명칭	써-싸-라-
	초자음	f		초자음	ㅆ
	종자음(받침)	ㅂ		종자음(받침)	ㅅ
ภ	명칭	퍼-쌈파오	ษ	명칭	써-르-씨-
	초자음	ㅍ		초자음	ㅆ
	종자음(받침)	ㅂ		종자음(받침)	ㅅ
ม	명칭	머-마-	ส	명칭	써-쓰-아-
	초자음	ㅁ		초자음	ㅆ
	종자음(받침)	ㅁ		종자음(받침)	ㅅ

	명칭	허̌-힙-			명칭	어-앙-
ห	초자음	ㅎ		**อ**	초자음	ㅇ
	종자음(받침)	—			종자음(받침)	—
ฬ	명칭	러-쭈라		**ฮ**	명칭	허̄-녹훅̂-
	초자음	ㄹ(ㄹ)			초자음	ㅎ
	종자음(받침)	ㄴ			종자음(받침)	—

● **참고** 현재 ฦ과 ฅ은 사용하지 않는다.

자음 분류 : 이들 자음은 성조와 관련하여 중자음, 고자음, 저자음으로 분류된다. 태국어의 성조를
　　　　　결정하는 데 중요한 역할을 하므로 꼭 나뉘어서 기억한다.

- 중자음 (9자)　　ก จ ฎ ฏ ด ต บ ป อ

- 고자음 (10자)　ข ฉ ฐ ถ ผ ฝ ศ ษ ส ห

- 저자음 (23자)　ค ฅ ง ช ซ ฌ ญ ฑ ฒ ณ ท ธ น พ ฟ ภ ม ย ร ล ว ฬ ฮ

02. 모음

태국어의 모음은 32자로 이루어져 있으며 **장모음과 단모음**으로 나뉜다. 이 구분 역시 성조를 결정하는데 매우 중요하므로 구분 지어 기억한다. 모음의 위치는 자음을 중심으로 상. 하. 좌. 우에 위치하며 동시에 오는 모음도 있다.

●**참고** 자음으로 อ (ㅇ)를 사용하였다.

단모음	발음	장모음	발음
อะ	아	อา	아ー
อิ	이	อี	이ー
อึ	으	อื	으ー
อุ	우	อู	우ー
เอะ	에	เอ	에ー
แอะ	애	แอ	애ー
โอะ	오	โอ	오ー

단모음	발음	장모음	발음
เอาะ	어	ออ	어–
อัวะ	우아	อัว	우–아
เอียะ	이야	เอีย	이–야
เอือะ	으아	เอือ	으–아
เออะ	으ㅓ	เออ	으ㅓ–
ไอ	아이	ใอ	아이
เอา	아오	อำ	암
ฤ	르,리,러	ฤๅ	르–
ฦ	르	ฦๅ	르–

참고 ไอ,ใอ,เอา,อำ은 발음할 때는 짧게 읽지만 성조법상 장모음 규칙에 따른다.

태국어에는 5개의 성조가 있으며 분류하면 아래와 같다.

평성	1성	2성	3성	4성
→	\	∧	／	∨

평성 : 평상시 보통 높이의 억양으로 발음

1성 : 낮아지게 발음

2성 : 올라가다 다시 내려가는 발음

3성 : 높게 끌어올리는 발음

4성 : 내려가다 다시 올라오는 발음

① 태국어 유형성조

성조 부호를 사용해서 성조를 결정하는 것으로 성조 부호는 초자음의 오른쪽에 위치하며 초자음 위에 모음이 있을 경우 그 모음 오른쪽에 위치한다.

성조 부호
◌ ◌ ◌ ◌

중자음	고자음	저자음
1. 중자음 + ◌ = 1성 2. 중자음 + ◌ = 2성 3. 중자음 + ◌ = 3성 4. 중자음 + ◌ = 4성	1. 고자음 음절 + ◌ = 1성 2. 고자음 음절 + ◌ = 2성	1. 저자음 + ◌ = 2성 2. 저자음 + ◌ = 3성

참고 고자음과 저자음에는 ◌ , ◌ 부호를 사용하지 않는다.

② 태국어의 무형성조

성조 부호를 사용하지 않고 자음의 종류, 장모음과 단모음의 구별, 종자음으로만 성조를 결정하는 법이며, 종자음이 없는 경우와 있는 경우로 나뉜다. 종자음은 한글로 비유하자면 받침이라는 뜻이다.

A. 종자음이 없는 경우

단모음	장모음
중자음 + 단모음 = 1성 고자음 + 단모음 = 1성 저자음 + 단모음 = 3성	중자음 + 장모음 = 평성 고자음 + 장모음 = 4성 저자음 + 장모음 = 평성

B. 종자음이 있는 경우

종자음은 생음과 사음으로 나눠지는데 생음은 ㄴ, ㄹ, ㅁ, ㅇ으로, 사음은 ㄱ, ㄷ(ㅅ), ㅂ으로 나뉜다. 어느 종자음이 위치하였는지에 따라 성조가 달라진다.

- **생음** : 길게 울리는 음

	생음	
1	ง	ㅇ (ng)
2	ม	ㅁ
3	น, ญ, ณ, ร, ล, ฬ	ㄴ
4	ย	이 (y)
5	ว	우 (w)

※ ย, ว은 종자음으로 사용 시 "이"와 "우"의 발음이 난다.

※ ฎ, ฌ, ผ, ฝ, ห, อ, ฮ은 종자음으로 사용하지 않는다.

- **사음** : 소리가 단절되어 끊기는 음

	사음	
1	ก, ข, ค, ฆ	ㄱ
2	จ, ช, ซ, ฌ, ญ, ฎ, ฏ, ฐ, ฑ, ฒ, ต, ถ, ท, ธ, ศ, ษ, ส	ㄷ(ㅅ)
3	บ, ป, พ, ฟ, ภ	ㅂ

- **규칙**

생음	사음
중자음 + 단(장)모음 + 생음 = 평성 고자음 + 단(장)모음 + 생음 = 4성 저자음 + 단(장)모음 + 생음 = 평성	중자음 + 단(장)모음 + 사음 = 1성 고자음 + 단(장)모음 + 사음 = 1성 저자음 + 단모음 + 사음 = 3성 저자음 + 장모음 + 사음 = 2성

04. 예외 경우

1. ㅡ ⤸ 모음은 종자음이 오면 ⸰ 형태로 바뀐다.

2. ㅏ⤸, ㅐ-⤸ 모음은 종자음이 오면 '⤸'가 없어지고 자음 위에 ⸰가 붙는다 .

3. ㅏ-ㅓ⤸ 모음은 종자음이 오면 ⸰อ 으로 바뀐다.

4. ㅏ-อ 모음에 종자음이 오면 ㅏ⸰로 바뀐다.

5. ⸰ㅓ 모음은 종자음이 오면 -ㅓ-로 바뀐다.

6. ⸰ 모음은 종자음이 없을 경우 종자음 자리에 꼭 อ이 위치한다

7. -ร은 -อน(언-)이라 발음한다.

8. -รร은 ◌ั น(안)이라 발음한다.

9. -รร-은 ◌ั (아)라 발음한다.

10. ไ모음이 ฏ과 함께 위치할 때 뒤에 ย가 온다.

11. 종자음에 ◌ั, ◌ิ모음이 있을 경우 그 모음은 발음하지 않는다.

12. 종자음이 "ㄹ"일 때는 "ㄴ"으로 발음한다.

13. -วก는 와-로 발음한다.

14. 모음 없이 두 자 또는 두 자 이상의 자음만으로 이루어질 때는 단모음 "아" 또는 단모음 "오"가
생략된 것으로 여긴다.
    • 자음 + 자음 + 모음 = 자음 + 자음 사이에 "아" 생략
    • 자음 + 자음 = "오" 생략
    • 자음 + 자음 + 자음 = 첫 번째 사이는 "아" 생략 두 번째는 "오" 생략

15. ห + ง, ญ, น, ม, ร, ล, ย, ว일 경우 ห은 묵음이 되고 ห의 성조인 고자음을
따른다.

16. อ이 ย앞에 오면 อ은 묵음이 되고 ย은 중자음화 된다.
    해당하는 단어로는 이 네 단어뿐이다.   อยู่, อยา, อยาง, อยาก

17. ห과 ร가 함께일 때 ฮ로 발음하며 성조 또한 ฮ 즉, 저자음을 따른다.

18. ร나 ล앞에 จ, ฉ, ช, ฌ, ศ, ษ, ส 제외한 다른 초자음이 오면 이중 자음이 된다. 이때
첫 자음에 모음은 "으"로 발음하고 성조는 앞 자음에 따른다.

19. จ, ศ, ส 뒤 또는 종자음 바로 앞에 ร가 오면 ร는 묵음, 성조는 앞 자음에 따른다.

20. 몇몇 특정 단어들은 첫 종자음이 다음 음절의 초자음으로 중복하여 발음된다.

예 ผล ไม [폰라마이], **ภรรยา** [판라야]

기타 부호	
ๆ	단어 줄임 부호
◌ั	장모음을 단모음화
ๆลๆ	"기타 등등"을 의미하는 부호
ๆ	단어를 반복하는 부호
◌์	해당 자음을 묵음화

05. 숫자

숫자 : 태국은 고유의 숫자가 있어 아라비아 숫자와 같이 혼용해서 사용한다									
๑	๒	๓	๔	๕	๖	๗	๘	๙	๑๐
1	2	3	4	5	6	7	8	9	10

06. 성조를 구별하는 마지막 총정리

1. 성조 부호가 있는지 없는지 확인한다.

2. 초자음이 중자음, 고자음, 저자음 중 어디에 속하는지 확인한다.

3. 장모음인지 단모음인지 확인한다.

4. 종자음이 생음인지 사음인지 확인한다.

5. 특별한 성조를 가진 예외어인지 확인한다.

이 책의 특징
태국어에는 마침표, 쉼표, 물음표, 느낌표, 띄어쓰기가 존재하지 않는다. 하지만 본 책에서는 빠른 습득과 이해를 돕기 위하여 띄어쓰기를 표기하였으니 참고한다.

01장

7개의 기본 패턴!

01 ~이다   เป็น

02 높임말   ค่ะ/ครับ

03 부정형 1   ไม่

04 부정형 2   ไม่ใช่

05 과거형   แล้ว

06 미래형   จะ

07 현재진행형   กำลัง

태국 음식

태국 음식을 먹다 보면 어쩜 이렇게 하나같이 우리 입맛에 잘 맞는지 매일 먹어도 쉽게 질리지 않는다. 한국음식처럼 자극적인 맛이 강하기도 하지만 전혀 다른 향과 맛을 내는 먹거리 천국, 태국! 모두가 알고 있는 팟타이, 똠얌꿍을 제외한 다른 태국 음식을 소개한다!

뿌팟퐁 커리

못 먹어본 사람은 있어도 한 번만 먹어본 사람은 없다는 그 뿌팟퐁 커리.

뿌는 "게"를 팟은 "볶다" 퐁은 "가루"라는 뜻으로 튀긴 게를 코코넛 밀크와 달걀을 넣고 커리 가루와 함께 볶아 만든 요리이다. 게가 통째로 들어가기도 하고 게살만 넣어 요리하는 곳도 있는데 등껍질에 밥 비벼 먹기는 절대 놓치지 말자!

태국 음식 TOP3

파파야 샐러드 일명 쏨땀!

파파야를 채를 썰어 만든 태국식 샐러드
이다. 주문하기 전 고추의 개수로 맵기 강
도를 조절할 수 있는데 보통 1~2가 들어
가고 더 맵기를 원하면 3개 이상 넣어달라
고 한다! 함께 먹으면 환상조합으로 찹쌀
밥과 구운 치킨이 있다. 쏨땀을 파는 곳이
라면 항상 있을 테니 꼭 함께해서 먹어보
길 바란다. 쏨땀은 느끼한 맛을 잡아주기

때문에 많은 요리와 함께 먹을 때 더더욱 없어서는 안 될 요리이다.

태국식 국수, 꾸아이띠야우!

베트남의 "PHO"가 있듯이 태국에도 태
국식 국수가 있다. 다양한 면의 굵기와 들
어가는 재료들까지 자기 취향대로 주문할
수 있다. 우리나라처럼 비빔국수 스타일도
있으니 잊지 말고 한번 먹어보자! 강한 맛
을 좋아하는 태국답게 국수가게 테이블 위
에는 항상 양념통으로 설탕, 피쉬소스, 고
춧가루, 고추식초 이렇게 구비되어 있어
자기 입맛에 맞게 넣어 먹을 수 있다.

เป็น 뻰

~이다

MP3 / VOD

포인트 콕!

• 태국어의 기본 어순은 [주어+동사+목적어]로 이루어진다.

패턴 꽉!

• 나는 교수이다.	**ฉัน เป็น อาจารย์**
• 나는 학생이다.	**ฉัน เป็น นักเรียน**
• 나는 선생님이다.	**ฉัน เป็น ครู**
• 나는 엄마이다.	**ฉัน เป็น แม่**
• 나는 대학생이다.	**ฉัน เป็น นักศึกษา**

해설 +

[~이다]의 뜻을 가진 동사로 **เป็น**[뻰]과 **คือ**[크-]가 있다.

เป็น[뻰]은 어떤 정보를 주거나 설명을 할 때 사용하고

คือ[크-]는 "이것은 사과다 & 사과는 이것이다" 이렇게 앞뒤에 관계가 서로 동일한 것일 때 쓰인다. 보통 정확한 장소, 사물, 고유명사를 가르킬 때 사용한다.

어휘 더하기!

• **ฉัน** 여자 1인칭 대명사
찬

• **อาจารย์** 교수
아-짠-

• **นักเรียน** 학생
낙리-얀

• **ครู** 선생님
크루-

• **แม่** 엄마
매-

• **นักศึกษา** 대학생
낙쓱싸-

문장 읽기   성조에 맞게 큰소리로 읽어보세요!

- # ฉัน เป็น อาจารย์
  <small>찬   뻰   아-짠-</small>

  나는 교수이다.

- # ฉัน เป็น นักเรียน
  <small>찬   뻰   낙리-얀</small>

  나는 학생이다.

- # ฉัน เป็น ครู
  <small>찬   뻰   크루-</small>

  나는 선생님이다.

- # ฉัน เป็น แม่
  <small>찬   뻰   매-</small>

  나는 엄마이다.

- # ฉัน เป็น นักศึกษา
  <small>찬   뻰   낙쓱싸-</small>

  나는 대학생이다.

아래 단어를 참고하여 직접 문장을 만들어 보세요!

직업과 관련된 어휘

- หมอ 의사
  머-
- นักร้อง 가수
  낙 렁-
- ทหาร 군인
  타 한-

- ตำรวจ 경찰
  땀루-앗
- พ่อครัว 요리사
  퍼-크루-아
- นางพยาบาล 간호사
  낭-파 야-반-

나는 의사이다.   ฉัน เป็น หมอ

ฉัน เป็น หมอ

나는 가수이다.   ฉัน เป็น นักร้อง

ฉัน เป็น นักร้อง

나는 군인이다.   ฉัน เป็น ทหาร

ฉัน เป็น ทหาร

나는 경찰이다.   ฉัน เป็น ตำรวจ

ฉัน เป็น ตำรวจ

나는 요리사이다.   ฉัน เป็น พ่อครัว

ฉัน เป็น พ่อครัว

플러스 어휘 직접 쓰고 큰 소리로 말해보세요!

나는 의사이다.   찬 뻰 머

나는 가수이다.   찬 뻰 낙렁

나는 군인이다.   찬 뻰 타한

나는 경찰이다.   찬 뻰 땀루앗

나는 요리사이다.   찬 뻰 퍼크루아

---

02 ค่ะ/ครับ ค่า/ครับ
높임말

MP3 / VOD

포인트 콕!

• 화자의 성별에 따라 문장 끝에 여자는 ค่ะ[ค่า], 남자는 ครับ[크랍]을 붙이면 높임말이 된다. 주의할 점으로 여자의 ค่ะ[ค่า]는 의문문에서 ค่า[ค่า]를 사용한다.

패턴 꽉!

• 이것은 오렌지다. **นี่ คือ ส้ม**

• 이것은 오렌지입니다. **นี่ คือ ส้ม ค่ะ**

• 그것은 망고다. **นั่น คือ มะม่วง**

• 그것은 망고입니다. **นั่น คือ มะม่วง ครับ**

• 저것은 망고입니다. **โน่น คือ มะม่วง ค่ะ**

해설 +

"네"를 답할 때도 ค่ะ[ค่า], ครับ[크랍]을 사용 할 수 있다.

어휘 더하기!

• **นี่** 이, 이것
  니-

• **นั่น** 그, 그것
  난

• **ส้ม** 오렌지
  쏨

• **มะม่วง** 망고
  마무-앙

• **โน่น** 저, 저것
  논-

32 •

- **นี่ คือ ส้ม**
  니- 크- 쏨
  이것은 오렌지다.

- **นี่ คือ ส้ม ค่ะ**
  니- 크- 쏨 카
  이것은 오렌지입니다.

- **นั่น คือ มะม่วง**
  난 크- 마무-앙
  그것은 망고다.

- **นั่น คือ มะม่วง ครับ**
  난 크- 마무-앙 크랍
  그것은 망고입니다.

- **โน่น คือ มะม่วง ค่ะ**
  논- 크- 마무-앙 카
  저것은 망고입니다.

과일과 관련된 어휘

- ผลไม้ 과일
  폰라마이

- แตงโม 수박
  땡-모-

- มังคุด 망고스틴
  망쿳

- มะละกอ 파파야
  말라꺼-

- ทุเรียน 두리안
  투리-얀

- กล้วย 바나나
  끌루-^아이

이것은 과일입니다.　　　นี่ คือ ผลไม้ ค่ะ/ครับ

นี่ คือ ผลไม้ ค่ะ/ครับ

이것은 수박입니다.　　　นี่ คือ แตงโม ค่ะ/ครับ

นี่ คือ แตงโม ค่ะ/ครับ

그것은 파파야입니다.　　　นั่น คือ มะละกอ ค่ะ/ครับ

นั่น คือ มะละกอ ค่ะ/ครับ

그것은 두리안입니다.　　　นั่น คือ ทุเรียน ค่ะ/ครับ

นั่น คือ ทุเรียน ค่ะ/ครับ

저것은 바나나입니다.　　　โน่น คือ กล้วย ค่ะ/ครับ

โน่น คือ กล้วย ค่ะ/ครับ

직접 쓰고 큰 소리로 말해보세요!

이것은 과일입니다.   니 크 폰라마이 카/크랍

■ ·· ■

이것은 수박입니다.   니 크 땡모 카/크랍

■ ·· ■

그것은 파파야입니다.   난 크 말라꺼 카/크랍

■ ·· ■

그것은 두리안입니다.   난 크 투리얀 카/크랍

■ ·· ■

저것은 바나나입니다.   논 크 끌루아이 카/크랍

■ ·· ■

03 ไม่ 마이
부정형 1

👉 **포인트 콕!**

• ไม่[마이]는 <u>동사나 형용사 앞에 위치하여</u> 부정문을 만든다.

[주어 + ไม่ + 동사/형용사]

✌️ **패턴 꽉!**

• 그녀는 먹어요.	เขา กิน ค่ะ
• 그녀는 먹지 않아요.	เขา ไม่ กิน ค่ะ
• 그녀는 기쁘지 않아요.	เขา ไม่ ดีใจ ครับ
• 그는 피곤하지 않아요.	เขา ไม่ เหนื่อย ครับ
• 그는 바쁘지 않아요.	เขา ไม่ ยุ่ง ครับ

👉 **해설 +**

เขา[카오]는 가장 일반적으로 사용하는 3인칭 대명사이지만, 왕과 왕실, 스님을 지칭할 땐 사용할 수 없다.

✌️ **어휘 더하기!**

• เขา 그, 그녀, 그들
  카오

• กิน 먹다
  낀

• ดีใจ 기쁘다
  디-짜이

• เหนื่อย 피곤하다
  느-아이

• ยุ่ง 바쁘다
  융

문장 읽기 성조에 맞게 큰소리로 읽어보세요!

• เขา กิน ค่ะ

카오　끼인　카

그녀는 먹어요.

• เขา ไม่ กิน ค่ะ

카오　마이　끼인　카

그녀는 먹지 않아요.

• เขา ไม่ ดีใจ ครับ

카오　마이　디-짜이　크랍

그녀는 기쁘지 않아요.

• เขา ไม่ เหนื่อย ครับ

카오　마이　느-아이　크랍

그는 피곤하지 않아요.

• เขา ไม่ ยุ่ง ครับ

카오　마이　융　크랍

그는 바쁘지 않아요.

아래 단어를 참고하여 직접 문장을 만들어 보세요!

↙ 기본 동사와 관련된 어휘

- ไป 가다
  빠-이
- มา 오다
  마-
- ดื่ม 마시다
  듬-

- ดู 보다
  두-
- อ่าน 읽다
  안-
- เขียน 쓰다
  키-얀

그녀는 가지 않습니다.　　　เขา ไม่ ไป ค่ะ

เขา ไม่ ไป ค่ะ

그녀는 오지 않습니다.　　　เขา ไม่ มา ค่ะ

เขา ไม่ มา ค่ะ

그는 마시지 않습니다.　　　เขา ไม่ ดื่ม ค่ะ

เขา ไม่ ดื่ม ค่ะ

그는 보지 않습니다.　　　เขา ไม่ ดู ครับ

เขา ไม่ ดู ครับ

그는 읽지 않습니다.　　　เขา ไม่ อ่าน ครับ

เขา ไม่ อ่าน ครับ

직접 쓰고 큰 소리로 말해보세요!

그녀는 가지 않습니다.　　　　카오 마이 빠이 카

- -

그녀는 오지 않습니다.　　　　카오 마이 마 카

- -

그는 마시지 않습니다.　　　　카오 마이 듬 카

- -

그는 보지 않습니다.　　　　카오 마이 두 크랍

- -

그는 읽지 않습니다.　　　　카오 마이 안 크랍

- -

 **04** ไม่ใช่ ม่าิอช่าิอ
부정형 2

 포인트 콕!

• ไม่ใช่ [ม่าิอช่าิอ]는 <u>명사나 문장 전체 앞에 위치</u>하여 부정문을 만든다.

[주어+ ไม่ใช่ +명사/문장]

👆 **패턴 꽉!**

• 이것은 책상입니다.	นี่ คือ โต๊ะ ค่ะ
• 이것은 책상이 아닙니다.	นี่ ไม่ใช่ โต๊ะ ค่ะ
• 그것은 종이가 아닙니다.	นั่น ไม่ใช่ กระดาษ ครับ
• 그것은 의자가 아닙니다.	นั่น ไม่ใช่ เก้าอี้ ครับ
• 그것은 책이 아닙니다.	นั่น ไม่ใช่ หนังสือ ครับ

👆 **해설 +**

"<u>아니요</u>"를 대답할 때도 ไม่ใช่ [ม่าิอช่าิอ]를 사용 할 수 있다.

👆 **어휘 더하기!**

• ใช่ 맞다, 옳다 차이	• เก้าอี้ 의자 까오이-	• หนังสือ 책 낭쓰-
• โต๊ะ 책상 또	• กระดาษ 종이 끄라닷-	

40 •

문장 읽기 성조에 맞게 큰소리로 읽어보세요!

- **นี่ คือ โต๊ะ ค่ะ**
  니- 크- 또 카
  이것은 책상입니다.

- **นี่ ไม่ใช่ ต๊ะ ค่ะ**
  니- 마이차이 또 카
  이것은 책상이 아닙니다.

- **นั่น ไม่ใช่ กระดาษ ครับ**
  난 마이차이 끄라닷- 크랍
  그것은 종이가 아닙니다.

- **นั่น ไม่ใช่ เก้าอี้ ครับ**
  난 마이차이 까오이- 크랍
  그것은 의자가 아닙니다.

- **นั่น ไม่ใช่ หนังสือ ครับ**
  난 마이차이 낭쓰- 크랍
  그것은 책이 아닙니다.

아래 단어를 참고하여 직접 문장을 만들어 보세요!

학용품과 관련된 어휘

- ปากกา 볼펜
  빠-까-
- ดินสอ 연필
  딘써-
- กล่องดินสอ 필통
  끌렁-딘써-

- หนังสือเรียน 교과서
  낭쓰-리-얀
- คอมพิวเตอร์ 컴퓨터
  컴-피우뜨ㅓ-
- ยางลบ 지우개
  양-롭

이것은 볼펜이 아닙니다.   นี่ ไม่ใช่ ปากกา ค่ะ

นี่ ไม่ใช่ ปากกา ค่ะ

이것은 연필이 아닙니다.   นี่ ไม่ใช่ ดินสอ ค่ะ

นี่ ไม่ใช่ ดินสอ ค่ะ

그것은 필통이 아닙니다.   นั่น ไม่ใช่ กล่องดินสอ ค่ะ

นั่น ไม่ใช่ กล่องดินสอ ค่ะ

그것은 교과서가 아닙니다.   นั่น ไม่ใช่ หนังสือเรียน ครับ

นั่น ไม่ใช่ หนังสือเรียน ครับ

그것은 컴퓨터가 아닙니다.   นั่น ไม่ใช่ คอมพิวเตอร์ ครับ

นั่น ไม่ใช่ คอมพิวเตอร์ ครับ

직접 쓰고 큰 소리로 말해보세요!

이것은 볼펜이 아닙니다.   니 마이차이 빡까 카

이것은 연필이 아닙니다.   니 마이차이 딘써 카

그것은 필통이 아닙니다.   난 마이차이 끌렁딘써 카

그것은 교과서가 아닙니다.   난 마이차이 낭쓰리얀 크랍

그것은 컴퓨터가 아닙니다.   난 마이차이 컴피우뜨ㅓ 크랍

 แล้ว 래-우
과거형

   포인트 콕!

• 문장 끝에 แล้ว[래-우]가 위치하면 과거형이 된다.

[문장+แล้ว]

 패턴 꽉!

- 나는 말한다.　　　　ผม บอก

- 나는 이미 말했다.　　ผม บอก แล้ว

- 나는 이미 배부르다.　ผม อิ่ม แล้ว

- 나는 이미 이해했다.　ผม เข้าใจ แล้ว

- 나는 이미 쉬었다.　　ผม พักผ่อน แล้ว

 해설 ✛

문장에 이미 과거를 나타내는 단어(어제, 지난달, 작년... 등)이 있다면
แล้ว[래-우]를 생략해도 무관하다.

 어휘 더하기!

- ผม 남자 1인칭 대명사
  쏨

- บอก 말하다
  벅-

- อิ่ม 배부르다
  임

- เข้าใจ 이해하다
  카오짜이

- พักผ่อน 쉬다
  팍펀-

44

성조에 맞게 큰소리로 읽어보세요!

- **ผม บอก**
  <ŭ> 폼   벅–

  나는 말한다.

- **ผม บอก แล้ว**
  <ŭ> 폼   벅–   래–우

  나는 이미 말했다.

- **ผม อิ่ม แล้ว**
  <ŭ> 폼   임   래–우

  나는 이미 배부르다.

- **ผม เข้าใจ แล้ว**
  <ŭ> 폼   카오짜이   래–우

  나는 이미 이해했다.

- **ผม พักผ่อน แล้ว**
  <ŭ> 폼   팍펀–   래–우

  나는 이미 쉬었다.

아래 단어를 참고하여 직접 문장을 만들어 보세요!

기본동사와 관련된 어휘

- ซื้อ 사다
  쓰-
- ขาย 팔다
  카-이
- อาบน้ำ 목욕하다
  압-남-

- ล้าง 씻다
  랑-
- ยืม 빌리다
  이음-
- เล่น 놀다
  렌-

나는 이미 샀다.　　　　ผม ซื้อ แล้ว

ผม ซื้อ แล้ว

나는 이미 팔았다.　　　ผม ขาย แล้ว

ผม ขาย แล้ว

나는 이미 목욕을 했다.　ผม อาบน้ำ แล้ว

ผม อาบน้ำ แล้ว

나는 이미 씻었다.　　　ผม ล้าง แล้ว

ผม ล้าง แล้ว

나는 이미 빌렸다.　　　ผม ยืม แล้ว

ผม ยืม แล้ว

직접 쓰고 큰 소리로 말해보세요!

나는 이미 샀다.　　　　　　　폼 쓰 래우

나는 이미 팔았다.　　　　　　　폼 카이 래우

나는 이미 목욕을 했다.　　　　　폼 압남 래우

나는 이미 씻었다.　　　　　　　폼 랑 래우

나는 이미 빌렸다.　　　　　　　폼 이음 래우

 **จะ 짜**
미래형

• 동사 앞에 จะ[짜]가 위치하면 미래형이 된다.

[จะ +동사]

패턴 꽉!

• 친구는 그녀를 좋아한다.	เพื่อน ชอบ เขา
• 친구는 그녀를 좋아할 것이다.	เพื่อน จะ ชอบ เขา
• 친구는 그녀를 사랑하지 않을 것이다.	เพื่อน จะ ไม่ รัก เขา
• 친구는 생각할 것이다.	เพื่อน จะ คิด
• 친구는 그녀를 잊지 않을 것이다.	เพื่อน จะ ไม่ ลืม เขา

해설 ✚

문장 안에 이미 미래형을 나타내는 단어(내일, 다음 달, 내년... 등)가 올 경우
จะ[짜]를 생략해도 무관하다.

어휘 더하기!

• เพื่อน 친구 프-안	• รัก 사랑하다 락	• ลืม 잊다 름-
• ชอบ 좋아하다 첩-	• คิด 생각하다 킷	

문장 읽기 성조에 맞게 큰소리로 읽어보세요!

· เพื่อน ชอบ เขา

프–안　　첩–　　카오

친구는 그녀를 좋아한다.

· เพื่อน จะ ชอบ เขา

프–안　　짜　　첩–　　카오

친구는 그녀를 좋아할 것이다.

· เพื่อน จะ ไม่ รัก เขา

프–안　　짜　　마이　　락　　카오

친구는 그녀를 사랑하지 않을 것이다.

· เพื่อน จะ คิด

프–안　　짜　　킷

친구는 생각할 것이다.

· เพื่อน จะ ไม่ ลืม เขา

프–안　　짜　　마이　　름–　　카오

친구는 그녀를 잊지 않을 것이다.

아래 단어를 참고하여 직접 문장을 만들어 보세요!

기본동사와 관련된 어휘

- ชนะ 이기다
  차나

- เริ่ม 시작하다
  르ㅓㅁ-

- รอ 기다리다
  러-

- ตื่นนอน 일어나다
  뜬-넌-

- พบ 만나다
  폽

- ขับรถ 운전하다
  캅롯

친구는 그녀를 이길 것이다.　　　　เพื่อน จะ ชนะ เขา

เพื่อน จะ ชนะ เขา

친구는 그녀를 기다릴 것이다.　　　เพื่อน จะ รอ เขา

เพื่อน จะ รอ เขา

친구는 그녀를 만나지 않을 것이다.　　เพื่อน จะ ไม่ พบ เขา

เพื่อน จะ ไม่ พบ เขา

친구는 시작하지 않을 것이다.　　　เพื่อน จะ ไม่ เริ่ม

เพื่อน จะ ไม่ เริ่ม

친구는 일어날 것이다.　　　　　　เพื่อน จะ ตื่นนอน

เพื่อน จะ ตื่นนอน

직접 쓰고 큰 소리로 말해보세요!

친구는 그녀를 이길 것이다. 프안 짜 차나 카오

- -

친구는 그녀를 기다릴 것이다. 프안 짜 러 카오

- -

친구는 그녀를 만나지 않을 것이다. 프안 짜 마이 폽 카오

- -

친구는 시작하지 않을 것이다. 프안 짜 마이 르ㅓ ㅁ

- -

친구는 일어날 것이다. 프안 짜 뜬넌

- -

07 กำลัง 깜랑
현재진행형

MP3 / VOD

포인트 콕!

• <u>동사</u> 앞에 กำลัง[깜랑]이 위치하면 현재진행형이 된다.

[주어+ กำลัง +동사]

패턴 꽉!

• 우리는 수영한다.	เรา ว่ายน้ำ
• 우리는 수영 하는 중이다.	เรา กำลัง ว่ายน้ำ
• 우리는 이를 닦는 중이다.	เรา กำลัง แปรง ฟัน
• 우리는 쉬는 중이다.	เรา กำลัง พักผ่อน
• 우리는 핸드폰을 사용하는 중이다.	เรา กำลัง ใช้ โทรศัพท์มือถือ

해설 +

❶ 동사 뒤에 อยู่[유-]가 위치할 경우 이 또한 현재 진행형을 나타낸다. [주어+동사+อยู่]

❷ 여전히 진행 중임을 더 강조하고자 할 때 กำลัง[깜랑]과 อยู่[유-]를 함께 사용한다.

[주어+ กำลัง +동사+ อยู่]

어휘 더하기!

- เรา 우리
  라오
- ว่ายน้ำ 수영하다
  와-이 남-
- แปรง 솔질하다
  쁘랭-
- ฟัน 치아
  판
- ใช้ 사용하다
  차이
- โทรศัพท์มือถือ 핸드폰
  토-라쌉ㅁ-트-

• เรา ว่ายน้ำ

라오   와–이남–

우리는 수영한다.

• เรา กำลัง ว่ายน้ำ

라오   깜랑   와–이남–

우리는 수영 하는 중이다.

• เรา กำลัง แปรง ฟัน

라오   깜랑   쁘랭–   판

우리는 이를 닦는 중이다.

• เรา กำลัง พักผ่อน

라오   깜랑   팍펀–

우리는 쉬는 중이다.

• เรา กำลัง ใช้ โทรศัพท์มือถือ

라오   깜랑   차이   토–라쌉ㅁ–트–

우리는 핸드폰을 사용하는 중이다.

아래 단어를 참고하여 직접 문장을 만들어 보세요!

⌐ 기본동사와 관련된 어휘

- **เดิน** 걷다
  드ㅓㄴ-
- **วิ่ง** 뛰다
  윙
- **หา** 찾다
  하-

- **นอน** 눕다
  넌-
- **นอนหลับ** 자다
  넌-랍
- **ถาม** 묻다
  탐-

우리는 걷는 중이다.　　　　เรา กำลัง เดิน

เรา กำลัง เดิน

우리는 뛰는 중이다.　　　　เรา กำลัง วิ่ง

เรา กำลัง วิ่ง

우리는 찾는 중이다.　　　　เรา กำลัง หา

เรา กำลัง หา

우리는 누워 있는 중이다.　　เรา กำลัง นอน

เรา กำลัง นอน

우리는 자는 중이다.　　　　เรา กำลัง นอนหลับ

เรา กำลัง นอนหลับ

직접 쓰고 큰 소리로 말해보세요!

우리는 걷는 중이다.　　　　라오 깜랑 드ㅓㄴ

우리는 뛰는 중이다.　　　　라오 깜랑 윙

우리는 찾는 중이다.　　　　라오 깜랑 하

우리는 누워 있는 중이다.　　라오 깜랑 넌

우리는 자는 중이다.　　　　라오 깜랑 넌랍

02장

9개의 의문 패턴!

08 누가,누구   ใคร

09 언제   เมื่อไหร่

10 어디   ที่ไหน

11 무엇   อะไร

12 어떻게   อย่างไร

13 왜   ทำไม

14 얼마   เท่าไหร่

15 몇   กี่

16 어느   ไหน

달달한 태국 커피!

태국 커피

태국도 한국만큼이나 카페가 즐비하다. 길거리표 커피 상인까지 포함하면 우리보다 더 많을지도 모른다. 그렇기에 커피 애호가라면 걱정 없이 쉽게 커피를 찾을 수 있다. 더운 날씨의 영향으로 태국에서는 아이스커피(일명 카페 옌)를 많이 마시는데 그 일반 커피의 개념은 우리와 다르다. 바로 우유와 설탕이 들어간 달달한 커피로 만약 아메리카노를 원한다면 주문을 할 때 꼭 "마이싸이 놈 래 남딴"(우유와 설탕을 넣지 말아 주세요)라고 요청해야 한다. 그래서 설탕을 넣지 않은 쏩쏩할 커피를 태국에서 여유롭게 마실 때 간혹 정말 신기한 눈으로 바라보는 경우도 있다. 태양이 내리쬐는 무더운 태국에서 달달한 태국 커피의 한 모금은 무한한 에너지를 주니 한 번쯤 마셔보는 것도 좋은 경험이 될 것이다.

특별한 커피 여행

　태국 북부 고산 지역은 커피 재배에 최적의 환경을 갖추어 커피 산업이 국가 프로젝트로 진행될 만큼 그 가치가 높다. 그리하여 명품 커피 브랜드가 많이 탄생하였는데 그 특별한 커피를 얻기 위하여 많은 방법을 동원한다. 한가지 예로 바나나와 사탕수수를 커피 원두에 섞은 먹이를 코끼리에게 먹이로 준 뒤 코끼리의 배설물을 통해 발효된 원두를 채취하는 방식이 있다. 그 맛이 매우 부드러워 상품 가치가 매우 높은 커피로 인도네시아의 루왁 커피보다 비싸다. 이런 명품 커피와 걸맞은 근사한 카페들이 고산지역을 따라 많이 있으니 커피 애호가라면 특별한 커피를 맛보는 색다른 여행이 될 것이다.

08  ใคร 크라이
누가, 누구

👉 **포인트 콕!**

• ใคร[크라이]는 **의문사** '누구, 누가'로 문장 앞과 뒤에 위치할 수 있다.

✋ **패턴 꽉!**

• 당신은 누구입니까?	คุณ เป็น ใคร คะ
• 누가 부유합니까?	ใคร รวย คะ
• 누가 아버지입니까?	ใคร เป็น คุณพ่อ คะ
• 어머니는 누구입니까?	คุณแม่ เป็น ใคร คะ
• 누가 선택합니까?	ใคร เลือก คะ

👉 **해설 +**

คุณ[쿤]은 "당신"이라는 뜻으로 상대방을 정중하게 부를 때 사용한다.
또한, 상대방에 이름이나 호칭 앞에 붙여 "~씨", "~님"을 표현하는데
가장 좋은 예로 **คุณแม่**[쿤매-], **คุณพ่อ**[쿤퍼-] 어머니, 아버지가 있다

✌ **어휘 더하기!**

• **คุณ** 너, 당신
쿤

• **รวย** 부유하다
루-아이

• **คุณแม่** 어머니
쿤매-

• **คุณพ่อ** 아버지
쿤퍼-

• **เลือก** 선택하다
르-악

성조에 맞게 큰소리로 읽어보세요!

- **คุณ เป็น ใคร คะ**

  쿤 · 뻰 · 크라이 · 카

  당신은 누구입니까?

- **ใคร รวย คะ**

  크라이 · 루–아이 · 카

  누가 부유합니까?

- **ใคร เป็น คุณพ่อ คะ**

  크라이 · 뻰 · 쿤퍼– · 카

  누가 아버지입니까?

- **คุณแม่ เป็น ใคร คะ**

  쿤매– · 뻰 · 크라이 · 카

  어머니는 누구입니까?

- **ใคร เลือก คะ**

  크라이 · 르–악 · 카

  누가 선택합니까?

아래 단어를 참고하여 직접 문장을 만들어 보세요!

가족과 관련된 어휘

- พี่ชาย 형, 오빠
  피-차-이

- น้องชาย 남동생
  넝-차-이

- พี่สาว 누나, 언니
  피-싸-우

- น้องสาว 여동생
  넝-싸-우

- สามี 남편
  싸-미-

- ภรรยา 부인
  판라야-

형은 누구입니까?   พี่ชาย เป็น ใคร คะ

พี่ชาย เป็น ใคร คะ

남동생은 누구입니까?   น้องชาย เป็น ใคร คะ

น้องชาย เป็น ใคร คะ

누가 누나입니까?   ใคร เป็น พี่สาว คะ

ใคร เป็น พี่สาว คะ

누가 여동생입니까?   ใคร เป็น น้องสาว คะ

ใคร เป็น น้องสาว คะ

누가 남편입니까?   ใคร เป็น สามี คะ

ใคร เป็น สามี คะ

직접 쓰고 큰 소리로 말해보세요!

형은 누구입니까?   피차이 뻰 크라이 카

남동생은 누구입니까?   넝차이 뻰 크라이 카

누가 누나입니까?   크라이 뻰 피싸우 카

누가 여동생입니까?   크라이 뻰 넝싸우 카

누가 남편입니까?   크라이 뻰 싸미 카

09 เมื่อไหร่ มฺ-아라이
언제

MP3 / VOD

 포인트 콕!

• เมื่อไหร่[므-아라이]는 **의문사 '언제'**로 문장 앞과 뒤에 위치할 수 있다.

패턴 꽉!

• 언제 내려요?	ลง เมื่อไหร่ คะ
• 당신은 공부를 언제 할 거예요?	คุณ จะ เรียน เมื่อไหร่ คะ
• 언제 당신은 공부 할 거예요?	เมื่อไหร่ คุณ จะ เรียน คะ
• 식당은 언제 엽니까?	ร้านอาหาร เปิด เมื่อไหร่ คะ
• 당신은 언제 태어났어요?	คุณ เกิด เมื่อไหร่ คะ

해설 +

앞에 위치할 경우에는 그 의미가 더욱 강조된다.

จะ ไป เมื่อไหร่ : 언제 가 ?   /   เมื่อไหร่ จะ ไป : (도대체) 언제 가 ?

[짜 빠이 므-아라이]   [므-아라이 짜 빠이]

어휘 더하기!

• ลง 내리다, 내려가다 롱	• ร้านอาหาร 식당 란-아-한-	• เกิด 태어나다 끄ㅓㅅ-
• เรียน 공부하다 리-얀	• เปิด 열다 쁘ㅓㅅ-	

64

- ลง เมื่อไหร่ คะ

  롱   므-아라이   카

  언제 내려요?

- คุณ จะ เรียน เมื่อไหร่ คะ

  쿤   짜   리-얀   므-아라이   카

  당신은 공부를 언제 할 거예요?

- เมื่อไหร่ คุณ จะ เรียน คะ

  므-아라이   쿤   짜   리-얀   카

  언제 당신은 공부할 거예요?

- ร้านอาหาร เปิด เมื่อไหร่ คะ

  란-아-한-   쁘ㅓㅅ-   므-아라이   카

  식당은 언제 엽니까?

- คุณ เกิด เมื่อไหร่ คะ

  쿤   끄ㅓㅅ-   므-아라이   카

  당신은 언제 태어났어요?

아래 단어를 참고하여 직접 문장을 만들어 보세요!

"하다"와 관련된 어휘

- ทำ 하다, 만들다
  탐

- ทำ อาหาร 요리하다
  탐 아-한-

- ทำ งาน 일을 하다
  탐 응안-

- ทำ การบ้าน 숙제하다
  탐 깐-반-

- ทำ ความสะอาด 청소하다
  탐 쾀-싸 앗-

- ทำ ขนม 디저트를 만들다
  탐 카 놈

언제 할 거예요?   จะ ทำ เมื่อไหร่ คะ

จะ ทำ เมื่อไหร่ คะ

(도대체) 언제 할 거예요?   เมื่อไหร่ จะ ทำ คะ

เมื่อไหร่ จะ ทำ คะ

언제 요리할 거예요?   จะ ทำ อาหาร เมื่อไหร่ คะ

จะ ทำ อาหาร เมื่อไหร่ คะ

(도대체) 언제 청소할 거예요?   เมื่อไหร่ จะ ทำ ความสะอาด คะ

เมื่อไหร่ จะ ทำ ความสะอาด คะ

디저트 언제 만들 거예요?   จะ ทำ ขนม เมื่อไหร่ คะ

จะ ทำ ขนม เมื่อไหร่ คะ

직접 쓰고 큰 소리로 말해보세요!

언제 할 거예요?   짜 탐 므아라이 카

언제 할 거예요? (도대체)   므아라이 짜 탐 카

언제 요리할 거예요?   짜 탐 아한 므아라이 카

(도대체) 언제 청소할 거예요?   므아라이 짜 탐 쾀싸앗 카

디저트 언제 만들 거예요?   짜 탐 카놈 므아라이 카

10 ที่ไหน Ti-나이
어디

• ที่ไหน[Ti-나이]는 **의문사 '어디'**로 문장 앞과 뒤에 위치할 수 있다.

• 어디서 타요?	ขึ้น ที่ไหน ครับ
• 어디로 여행가세요?	ไปเที่ยว ที่ไหน ครับ
• 어디서 수영해요?	ว่ายน้ำ ที่ไหน ครับ
• 화장실 어디에 있어요?	ห้องน้ำ อยู่ที่ไหน ครับ
• 교실 어디에 있어요?	ห้องเรียน อยู่ที่ไหน ครับ

❶ '~있다' อยู่[유-]와 ที่ไหน[Ti-나이]가 결합하여

อยู่ที่ไหน[유-Ti-나이] (장소)... 어디에 있나요? 형태가 된다.

❷ 구어체에서는 ที่ไหน[Ti-나이]를 줄여 ไหน[나이]라고 많이 사용한다.

• ขึ้น 타다, 올라가다
  큰

• ไปเที่ยว 여행가다, 놀러가다
  빠이티-야우

• ห้องน้ำ 화장실
  형-남-

• ห้องเรียน 교실
  형-리-얀

• อยู่ ~있다, 살다, 거주하다
  유-

문장 읽기 성조에 맞게 큰소리로 읽어보세요!

• ขึ้น ที่ไหน ครับ
　　큰　　　티-나이　　크랍
어디서 타요?

• ไปเที่ยว ที่ไหน ครับ
　　빠이티-야우　　티-나이　　크랍
어디로 여행가세요?

• ว่ายน้ำ ที่ไหน ครับ
　　와-이남-　　티-나이　　크랍
어디서 수영해요?

• ห้องน้ำ อยู่ที่ไหน ครับ
　　형-남-　　유-티-나이　　크랍
화장실 어디에 있어요?

• ห้องเรียน อยู่ที่ไหน ครับ
　　형-리-얀　　유-티-나이　　크랍
교실 어디에 있어요?

• 69

아래 단어를 참고하여 직접 문장을 만들어 보세요!

건물과 관련된 어휘

- บ้าน 집
  반-
- ตลาด 시장
  딸랏-
- โรงเรียน 학교
  롱-리-얀
- ฟิตเนส 헬스장
  핏넷-
- โรงแรม 호텔
  롱-램-
- โรงหนัง 영화관
  롱-낭

집은 어디에 있어요? บ้าน อยู่ที่ไหน ครับ

บ้าน อยู่ที่ไหน ครับ

학교는 어디에 있어요? โรงเรียน อยู่ที่ไหน ครับ

โรงเรียน อยู่ที่ไหน ครับ

호텔은 어디에 있어요? โรงแรม อยู่ที่ไหน ครับ

โรงแรม อยู่ที่ไหน ครับ

시장은 어디에 있어요? ตลาด อยู่ที่ไหน ครับ

ตลาด อยู่ที่ไหน ครับ

영화관은 어디에 있어요? โรงหนัง อยู่ที่ไหน ครับ

โรงหนัง อยู่ที่ไหน ครับ

직접 쓰고 큰 소리로 말해보세요!

집은 어디에 있어요?   반 유티나이 크랍

학교는 어디에 있어요?   롱리얀 유티나이 크랍

호텔은 어디에 있어요?   롱램 유티나이 크랍

시장은 어디에 있어요?   딸랏 유티나이 크랍

영화관은 어디에 있어요?   롱낭 유티나이 크랍

---

11 อะไร 아라이
무엇

 포인트 콕!

• อะไร[아라이]는 **의문사 '무엇'**으로 문장 앞과 뒤에 위치할 수 있다.

패턴 꽉!

• 당신 이름은 무엇입니까?	คุณ ชื่อ อะไร ครับ
• 내일 무엇을 할 거예요?	พรุ่งนี้ จะ ทำ อะไร ครับ
• 내일이 무슨 요일입니까?	พรุ่งนี้ วัน อะไร ครับ
• 당신 별명은 무엇입니까?	คุณ ชื่อเล่น อะไร ครับ
• 당신의 주소는 무엇입니까?	ที่อยู่ ของ คุณ อะไร ครับ

해설 +

태국어에서 명사를 꾸며주는 말은 뒤에 위치한다 .

예 당신의 집 = ของ คุณ บ้าน [컹- 쿤 반-] (x) / บ้าน ของ คุณ [반- 컹- 쿤] (o)

어휘 더하기!

• ชื่อ 이름 츠-	• วัน 일 완	• ของ คุณ 당신의 컹- 쿤
• พรุ่งนี้ 내일 프룽니-	• ชื่อเล่น 별명 츠-렌-	• ที่อยู่ 주소 티-유-

- # คุณ ชื่อ อะไร ครับ
  쿤   츠-   아라이   크랍

  당신 이름은 무엇입니까?

- # พรุ่งนี้ จะ ทำ อะไร ครับ
  프룽니-   짜   탐   아라이   크랍

  내일 무엇을 할 거예요?

- # พรุ่งนี้ วัน อะไร ครับ
  프룽니-   완   아라이   크랍

  내일이 무슨 요일입니까?

- # คุณ ชื่อเล่น อะไร ครับ
  쿤   츠-렌-   아라이   크랍

  당신 별명은 무엇입니까?

- # ที่อยู่ ของ คุณ อะไร ครับ
  티-유-   컹-   쿤   아라이   크랍

  당신의 주소는 무엇입니까?

아래 단어를 참고하여 직접 문장을 만들어 보세요!

"일"과 관련된 어휘

- วันนี้ 오늘
  완니-
- เมื่อวาน 어제
  므-아완-
- วันมะรืน 모레
  완마른-

- วันธรรมดา 평일
  완탐마다-
- วันเกิด 생일
  완끄ㅓㅅ-
- วันหยุด 휴일
  완윳

오늘은 무엇을 할 거예요?　　วันนี้ จะ ทำ อะไร ครับ

วันนี้ จะ ทำ อะไร ครับ

오늘은 무슨 요일이에요?　　วันนี้ วัน อะไร ครับ

วันนี้ วัน อะไร ครับ

모레는 무슨 요일이에요?　　วันมะรืน วัน อะไร ครับ

วันมะรืน วัน อะไร ครับ

당신의 생일날 무엇을 할 거예요?　　วันเกิด ของ คุณ จะ ทำ อะไร ครับ

วันเกิด ของ คุณ จะ ทำ อะไร ครับ

당신의 휴일에는 무엇을 할 거예요?　　วันหยุด ของ คุณ จะ ทำ อะไร ครับ

วันหยุด ของ คุณ จะ ทำ อะไร ครับ

오늘은 무엇을 할 거예요?   완니 짜 탐 아라이 크랍

오늘은 무슨 요일이에요?   완니 완 아라이 크랍

모레는 무슨 요일이에요?   완마른 완 아라이 크랍

당신의 생일날 무엇을 할 거예요?   왓끄ㅓㅅ 컹 쿤 짜 탐 아라이 크랍

당신의 휴일에는 무엇을 할 거예요?   완윳 컹 쿤 짜 탐 아라이 크랍

12 อย่างไร 양-라이
어떻게

MP3 / VOD

포인트 콕!

• อย่างไร [양-라이]는 **의문사 '어떻게'**로 문장 끝에 위치하여 쓰인다.

패턴 꽉!

• 어떻게 바꿔?	เปลี่ยน อย่างไร
• 발음 어떻게 해요?	ออกเสียง อย่างไร คะ
• 내일 날씨가 어때요?	อากาศ พรุ่งนี้ เป็นอย่างไร คะ
• 태국 음식 어때요?	อาหาร ไทย เป็นอย่างไร คะ
• 태국 음식 어떻게 만들어요?	ทำ อาหาร ไทย อย่างไร คะ

해설 ✛

"~이다" เป็น [뻰]과 อย่างไร [양-라이]가 결합하여
เป็นอย่างไร [뻰양-라이] ~어때요? 형태가 된다.

어휘 더하기!

• เปลี่ยน 바꾸다	• อากาศ 날씨	• ประเทศ 나라
쁠리-얀	아-깟-	쁘라텟-
• ออกเสียง 발음	• อาหาร 음식	• ประเทศไทย 태국
억-씨-양	아-한-	쁘라텟-타이

- **เปลี่ยน อย่างไร**

  쁠리-얀 양-라이

  어떻게 바꿔?

- **ออกเสียง อย่างไร คะ**

  억-씨-양 양-라이 카

  발음 어떻게 해요?

- **อากาศ พรุ่งนี้ เป็นอย่างไร คะ**

  아-깟- 프룽니- 뻰양-라이 카

  내일 날씨가 어때요?

- **อาหาร ไทย เป็นอย่างไร คะ**

  아-한- 타이 뻰양-라이 카

  태국 음식 어때요?

- **ทำ อาหาร ไทย อย่างไร คะ**

  탐 아-한- 타이 양-라이 카

  태국 음식 어떻게 만들어요?

아래 단어를 참고하여 직접 문장을 만들어 보세요!

↙ 나라와 관련된 어휘

• ญี่ปุ่น 일본
  이-뿐

• ฝรั่งเศส 프랑스
  파랑쎗-

• จีน 중국
  찐-

• สเปน 스페인
  싸뻰-

• อเมริกา 미국
  아메-리까

• เวียดนาม 베트남
  위-얏남-

중국 어때요?   จีน เป็นอย่างไร คะ

จีน เป็นอย่างไร คะ

중국 음식은 어때요?   อาหาร จีน เป็นอย่างไร คะ

อาหาร จีน เป็นอย่างไร คะ

일본 어때요?   ญี่ปุ่น เป็นอย่างไร คะ

ญี่ปุ่น เป็นอย่างไร คะ

프랑스 음식은 어떻게 만들어요?   ทำ อาหาร ฝรั่งเศส อย่างไร คะ

ทำ อาหาร ฝรั่งเศส อย่างไร คะ

베트남 음식은 어떻게 만들어요?   ทำ อาหาร เวียดนาม อย่างไร คะ

ทำ อาหาร เวียดนาม อย่างไร คะ

직접 쓰고 큰 소리로 말해보세요!

중국 어때요?   찐 뻬양라이 카

중국 음식은 어때요?   아한 찐 뻬양라이 카

일본 어때요?   이뿐 뻬양라이 카

프랑스 음식은 어떻게 만들어요?   탐 아한 파랑쎗 양라이 카

베트남 음식은 어떻게 만들어요?   탐 아한 위얏남 양라이 카

13 ทำไม 탐마이

왜

MP3 / VOD

 포인트 콕!

• ทำไม [탐마이]는 **의문사 '왜'**로 문장 앞과 뒤에 위치할 수 있다.

패턴 꽉!

• 왜 슬퍼요?	ทำไม เศร้า คะ
• 왜 슬픈 기분이 들어요?	ทำไม รู้สึก เศร้า คะ
• 왜 태국어 공부해요?	เรียน ภาษาไทย ทำไม คะ
• 왜 조금 먹어요?	ทำไม กิน นิดหน่อย คะ
• 왜 안 보고 싶어요?	ทำไม ไม่ คิดถึง คะ

해설 +

❶ 뒤에 올 경우 의미가 비교적 '**의심, 아쉬움**'의 느낌을 담는다.

ทำไม ไม่ คิดถึง 왜 보고 싶지 않아?   ไม่ คิดถึง ทำไม (도대체) 왜 보고 싶지 않아?
[탐마이 마이 킷틍]   [마이 킷틍 탐마이]

❷ '조금'이나 '안~'과 같이 부정적인 단어에서는 문장 앞에 쓰는 게 비교적 더 자연스럽다.

어휘 더하기!

• เศร้า 슬프다
싸오

• ภาษา 언어
파-싸-

• นิดหน่อย 조금
닛너-이

• คิดถึง 보고싶다
킷틍

• รู้สึก (기분, 감정) 들다, 느끼다
루-쓱

80

성조에 맞게 큰소리로 읽어보세요!

- ทำไม เศร้า คะ
  탐마이 싸오 카
  왜 슬퍼요?

- ทำไม รู้สึก เศร้า คะ
  탐마이 루-쓱 싸오 카
  왜 슬픈 기분이 들어요?

- เรียน ภาษาไทย ทำไม คะ
  리-얀 파-싸- 타이 탐마이 카
  왜 태국어 공부해요?

- ทำไม กิน นิดหน่อย คะ
  탐마이 낀 닛너-이 카
  왜 조금 먹어요?

- ทำไม ไม่ คิดถึง คะ
  탐마이 마이 킷틍 카
  왜 안 보고 싶어요?

81

복습 톡톡   아래 단어를 참고하여 직접 문장을 만들어 보세요!

감정과 관련된 어휘

- มีความสุข 행복하다
  미-쾀-쑥

- โกรธ 화나다
  끄롯-

- ตลก 웃기다
  딸록

- ตกใจ 놀라다
  똑짜이

- กังวล 걱정하다
  깡원

- สนุก 재밌다, 즐겁다
  싸눅

왜 행복하지 않아요?　　　　　ทำไม ไม่ มีความสุข คะ

ทำไม ไม่ มีความสุข คะ

(도대체) 왜 행복하지 않아요?　　ไม่ มีความสุข ทำไม คะ

ไม่ มีความสุข ทำไม คะ

왜 화가 나요?　　　　　　　　ทำไม โกรธ คะ

ทำไม โกรธ คะ

왜 놀라지 않아요?　　　　　　ทำไม ไม่ ตกใจ คะ

ทำไม ไม่ ตกใจ คะ

(도대체) 왜 즐겁지 않아요?　　ไม่ สนุก ทำไม คะ

ไม่ สนุก ทำไม คะ

82 •

직접 쓰고 큰 소리로 말해보세요!

왜 행복하지 않아요?　　　　　탐마이 마이 미쾀쓱 카

(도대체) 왜 행복하지 않아요?　　마이 미쾀쓱 탐마이 카

왜 화가 나요?　　　　　　　　탐마이 끄롯 카

왜 놀라지 않아요?　　　　　　탐마이 마이 똑짜이 카

(도대체) 왜 즐겁지 않아요?　　마이 싸눅 탐마이 카

14 เท่าไหร่ **ทาโอราย**
얼마

 포인트 콕!

• เท่าไหร่[타오라이]는 **의문사 '얼마'**로 문장 끝에 위치하여 쓰인다.

패턴 꽉!

• 가격이 얼마입니까?	ราคา เท่าไหร่ ครับ
• 몇 살이에요?	อายุ เท่าไหร่ ครับ
• 싱글 침대방은 얼마입니까?	ห้อง เตียง เดี่ยว เท่าไหร่ ครับ
• 설명하는 데 얼마나 걸려요?	อธิบาย นานเท่าไหร่ ครับ
• 학교 가는 데 얼마나 걸려요?	ไป โรงเรียน นานเท่าไหร่ ครับ

 해설 +

นาน[난-]은 "긴, 오랜"이라는 뜻으로 เท่าไหร่[타오라이]와 결합하여
นานเท่าไหร่ (동사)… 얼마나 걸려요? 라는 형태가 된다.

어휘 더하기!

• ราคา 가격 라-카-	• ห้อง 방 헝-	• เดี่ยว 1인용 / 싱글 디-야우
• อายุ 나이 아-유	• เตียง 침대 띠-양	• อธิบาย 설명하다 아티바-이

성조에 맞게 큰소리로 읽어보세요!

• ราคา เท่าไหร่ ครับ

라-카-　　　타오라이　　　크랍

가격이 얼마입니까?

• อายุ เท่าไหร่ ครับ

아-유　　　타오라이　　　크랍

몇 살이에요?

• ห้อง เตียง เดี่ยว เท่าไหร่ ครับ

헝-　　띠-양　　디-야 우　　　타오라이　　　크랍

싱글 침대방은 얼마입니까?

• อธิบาย นานเท่าไหร่ ครับ

아티바-이　　　　난-타오라이　　　크랍

설명하는 데 얼마나 걸려요?

• ไป โรงเรียน นานเท่าไหร่ ครับ

빠이　　롱-리-얀　　　　난-타오라이　　　크랍

학교 가는 데 얼마나 걸려요?

복습 톡톡　아래 단어를 참고하여 직접 문장을 만들어 보세요!

↙ 의류, 잡화와 관련된 어휘

- รองเท้า 신발
  렁-타오
- กระเป๋า 가방
  끄라빠오
- ถุงเท้า 양말
  퉁타오

- หมวก 모자
  무-악
- กระเป๋าสตางค์ 지갑
  끄라빠오싸땅-
- ผ้าพันคอ 스카프
  파-판커-

신발은 얼마입니까?　　รองเท้า เท่าไหร่ ครับ

รองเท้า เท่าไหร่ ครับ

가방은 얼마입니까?　　กระเป๋า เท่าไหร่ ครับ

กระเป๋า เท่าไหร่ ครับ

양말은 얼마입니까?　　ถุงเท้า เท่าไหร่ ครับ

ถุงเท้า เท่าไหร่ ครับ

모자는 얼마입니까?　　หมวก เท่าไหร่ ครับ

หมวก เท่าไหร่ ครับ

지갑은 얼마입니까?　　กระเป๋าสตางค์ เท่าไหร่ ครับ

กระเป๋าสตางค์ เท่าไหร่ ครับ

직접 쓰고 큰 소리로 말해보세요!

신발은 얼마입니까?　　　　　　렁타오 타오라이 크랍

가방은 얼마입니까?　　　　　　끄라빠오 타오라이 크랍

양말은 얼마입니까?　　　　　　퉁타오 타오라이 크랍

모자는 얼마입니까?　　　　　　무악 타오라이 크랍

지갑은 얼마입니까?　　　　　　끄라빠오싸땅 타오라이 크랍

15 กี่ 끼-
몇

MP3 / VOD

👉 **포인트 콕!**

• กี่[끼-]는 **의문사 '몇, 얼마'**로 묻고자 하는 대상 앞에 위치 한다.

✋ **패턴 콕!**

• 지금 몇 시예요?	ตอนนี้ กี่ โมง แล้ว ครับ
• 며칠 동안 갈 거예요?	จะ ไป กี่ วัน ครับ
• 준비한 지 몇 시간 됐어요?	เตรียม กี่ ชั่วโมง แล้ว ครับ
• 티비를 몇 시간 동안 봐요?	ดู ทีวี กี่ ชั่วโมง ครับ
• 일본어 가르친 지 며칠 됐어요?	สอน ภาษา ญี่ปุ่น กี่ วัน แล้ว ครับ

👉 **해설 +**

12살 이하 아동의 나이를 물어 볼 때는 ขวบ[쿠-압]을 사용한다.

예 กี่ ขวบ[끼- 쿠-압] (아이는) 몇 살이야?

✌️ **어휘 더하기!**

• ตอนนี้ 지금 떤-니-	• เตรียม 준비하다 뜨리-얌	• ทีวี TV 티-위-
• โมง 시 몽-	• ชั่วโมง 시간 추-아몽-	• สอน 가르치다 썬-

88 •

- ## ตอนนี้ กี่ โมง แล้ว ครับ
  떤–니–   끼–   몽–   래–우   크랍

  지금 몇 시예요?

- ## จะ ไป กี่ วัน ครับ
  짜   빠이   끼–   완   크랍

  며칠 동안 갈 거예요?

- ## เตรียม กี่ ชั่วโมง แล้ว ครับ
  뜨리–얌   끼–   추–아몽–   래–우   크랍

  준비한 지 몇 시간 됐어요?

- ## ดู ทีวี กี่ ชั่วโมง ครับ
  두– 티– 위– 끼–   추–아몽–   크랍

  티비를 몇 시간 동안 봐요?

- ## สอน ภาษา ญี่ปุ่น กี่ วัน แล้ว ครับ
  썬–   파–싸–   이–뿐   끼–   완   래–우   크랍

  일본어 가르친 지 며칠 됐어요?

아래 단어를 참고하여 직접 문장을 만들어 보세요!

시간과 관련된 어휘

• วินาที 초
워나-티-

• นาที 분
나-티-

• สัปดาห์ 주
쌉다-

• สุดสัปดาห์ 주말
쏫쌉다-

• เดือน 달
드-안

• ปี 년
삐-

지금 몇 시 몇 분이에요?　ตอนนี้ กี่ โมง กี่ นาที แล้ว ครับ

ตอนนี้ กี่ โมง กี่ นาที แล้ว ครับ

몇 주 동안 준비해요?　จะ เตรียม กี่ สัปดาห์ ครับ

จะ เตรียม กี่ สัปดาห์ ครับ

준비한 지 몇 주 됐어요?　เตรียม กี่ สัปดาห์ แล้ว ครับ

เตรียม กี่ สัปดาห์ แล้ว ครับ

준비한 지 몇 달 됐어요?　เตรียม กี่ เดือน แล้ว ครับ

เตรียม กี่ เดือน แล้ว ครับ

일본어 가르친 지 몇 년 됐어요?　สอน ภาษา ญี่ปุ่น กี่ ปี แล้ว ครับ

สอน ภาษา ญี่ปุ่น กี่ ปี แล้ว ครับ

플러스 어휘 　직접 쓰고 큰 소리로 말해보세요!

지금 몇 시 몇 분이에요?　　　떤니 끼 몽 끼 나티 래우 크랍

몇 주 동안 준비해요?　　　짜 뜨리얌 끼 쌉다 크랍

준비한 지 몇 주 됐어요?　　　뜨리얌 끼 쌉다 래우 크랍

준비한 지 몇 달 됐어요?　　　뜨리얌 끼 드안 래우 크랍

일본어 가르친 지 몇 년 됐어요?　　　썬 파싸 이쁜 끼 삐 래우 크랍

16 ไหน นี่
어느

MP3 / VOD

 포인트 콕!

• ไหน[나이]는 **의문사 '어느'**로 묻고자 하는 대상 뒤에 위치한다.

👆 패턴 꽉!

• 어느 방이 저렴한 거예요?	ห้อง ไหน ถูก คะ
• 어느 종류의 향수 좋아해요?	ชอบ น้ำหอม แบบ ไหน คะ
• 어느 거요?	อัน ไหน คะ
• 어느 공항이 가까워요?	สนามบิน ไหน ใกล้ คะ
• 어느 방이 멀어요?	ห้อง ไหน ไกล คะ

👆 해설 +

❶ อัน[안]은 "개, 것, 물건" 등의 뜻을 나타낼 뿐 아니라 작은 물건을 세는 단위로 광범위하게 사용한다.

❷ 두 단어의 발음이 비슷하나 성조가 다르니 주의한다.
   "멀다" ไกล [끌라이], "가깝다" ใกล้ [끌라이]

👆 어휘 더하기!

• ไกล 멀다 끌라이	• แบบ 종류 뱁–	• สนามบิน 공항 싸남–빈
• น้ำหอม 향수 남험–	• อัน 개, 것, 물건, 조각 안	• ใกล้ 가깝다, 근처 끌라이

• ห้อง ไหน ถูก คะ

   헝-   나이   툭-   카

어느 방이 저렴한 거예요?

• ชอบ น้ำหอม แบบ ไหน คะ

   첩-   남험-   뱁-   나이   카

어느 종류의 향수 좋아해요?

• อัน ไหน คะ

   안   나이   카

어느 거요?

• สนามบิน ไหน ใกล้ คะ

   싸남-빈   나이   끌라이   카

어느 공항이 가까워요?

• ห้อง ไหน ไกล คะ

   헝-   나이   끌라이   카

어느 방이 멀어요?

복습 톡톡 아래 단어를 참고하여 직접 문장을 만들어 보세요!

장소, 건물과 관련된 어휘

- สถานี 역
  싸타–니–

- สถานีโทรทัศน์ 방송국
  싸타–니–토–라탓

- สถานีดับเพลิง 소방서
  싸타–니–답플렁–

- สถานีรถไฟ 기차역
  싸타–니–롯파이

- สถานีตำรวจ 경찰서
  싸타–니–땀루–앗

- ป้ายรถเมล์ 버스 정류장
  빠이롯메–

어느 역이 가까워요?　　　สถานี ไหน ใกล้ คะ

สถานี ไหน ใกล้ คะ

어느 방송국을 좋아해요?　　ชอบ สถานีโทรทัศน์ ไหน คะ

ชอบ สถานีโทรทัศน์ ไหน คะ

어느 기차역이 멀어요?　　　สถานีรถไฟ ไหน ไกล คะ

สถานีรถไฟ ไหน ไกล คะ

어느 경찰서요?　　　　　　สถานีตำรวจ ไหน คะ

สถานีตำรวจ ไหน คะ

어느 버스역이 멀어요?　　　ป้ายรถเมล์ ไหน ไกล คะ

ป้ายรถเมล์ ไหน ไกล คะ

94 •

직접 쓰고 큰 소리로 말해보세요!

어느 역이 가까워요?   싸타니 나이 끌라이 카

어느 방송국을 좋아해요?   첩 싸타니토라탓 나이 카

어느 기차역이 멀어요?   싸타니롯파이 나이 끌라이 카

어느 경찰서요?   싸타니땀루앗 나이 카

어느 버스역이 멀어요?   빠이롯메 나이 끌라이 카

03장

4개의 의문 확장 패턴!

17 의문문   ไหม

18 그렇지?   ใช่มั้ย

19 할 수 있어?   ได้ไหม

20 해본 적 있어?   เคย ...ไหม

과일의 왕국 태국

그들만의 과일 먹는 법

열대기후의 최적화된 태국은 다양한 과일이 풍성하게 열리는 과일천국이다. 저렴한 가격으로 속까지 알차게 차오른 신선한 과일을 먹어볼 수 있는데 태국에서는 그들만의 특별하게 먹는 방법이 따로 있다. 바로 소금, 설탕, 고춧가루를 함께 섞은 것에 찍어 먹는 것! 과일을 사면 함께 덤으로 오거나 요청하면 받을 수 있다. 이 섞어 만든 것을 "프릭끌르아"라 부른다. 주로 구아바나 살짝 덜 익은 망고처럼 살짝 톡 쏘는 과일과 먹는데 처음에는 특이한 맛에 주춤할 수 있지만 한번 맛보면 계속 중독되는 신기한 조합이다.

잭프룻 : 1월 ~ 5월

망고 : 2월 ~ 6월

리치 : 4월 ~ 6월

두리안 : 4월 ~ 8월

망고스틴 : 5월 ~ 8월

람부탄 : 5월 ~ 9월

파인애플, 바나나, 파파야, 수박 등은 일 년 내내 !

17 ไหม มั่ย
의문문

• 의문사를 포함하지 않는 의문문의 경우 문장 끝에 ไหม[มั่이]를 위치하여 의문문을 만든다.

• 잘 지내죠? (인사)	สบาย ดี ไหม ครับ
• 배고파요?	หิว ไหม ครับ
• 많이 배고파요?	หิว มาก ไหม ครับ
• 이 부근은 차가 많이 막혀요?	แถว นี้ รถติด มาก ไหม ครับ
• 이 부근에는 식당이 있나요?	แถว นี้ มี ร้านอาหาร ไหม ครับ

"이, 그, 저" นี่[นี่-] / นั่น[นั่น] /โน่น[โน่น-]은 형용사 용법으로 사용할 때

성조가 3성인 นี้[นี-] นั้น[นั้น] โน้น[โน้น-]으로 바뀌어 쓰인다.

예 แถว นี่ [태-우 นี่-] (✕) / แถว นี้ [태-우 นี-] (○)

• สบาย 편안하다 싸바-이	• หิว 배고프다 히우	• แถว 지역, 부근 태-우
• ดี 좋다 디-	• มาก 많이 막-	• รถติด 교통 체증 롯띳

문장 읽기

성조에 맞게 큰소리로 읽어보세요!

- # สบาย ดี ไหม ครับ

  싸바–이   디–   마이   크랍

  잘 지내죠? (인사)

- # หิว ไหม ครับ

  히우   마이   크랍

  배고파요?

- # หิว มาก ไหม ครับ

  히우   막–   마이   크랍

  많이 배고파요?

- # แถว นี้ รถติด มาก ไหม ครับ

  태–우   니–   롯띳   막–   마이   크랍

  이 부근은 차가 많이 막혀요?

- # แถว นี้ มี ร้านอาหาร ไหม ครับ

  태–우   니–   미–   란–아–한–   마이   크랍

  이 부근에는 식당이 있나요?

• 101

아래 단어를 참고하여 직접 문장을 만들어 보세요!

↙ 장소와 관련된 어휘

- ธนาคาร 은행
  타나-칸-

- ร้านขายยา 약국
  란-카-이야-

- โรงพยาบาล 병원
  롱-파야-반-

- ที่จอดรถ 주차장
  티-쩟-롯

- ร้านตัดผม 이발소
  란-땃폼

- สวน 공원
  쑤-안

이 은행 좋아요?　　　　　　ธนาคาร นี้ ดี ไหม ครับ

ธนาคาร นี้ ดี ไหม ครับ

이 근처에는 약국이 있나요?　　แถว นี้ มี ร้านขายยา ไหม ครับ

แถว นี้ มี ร้านขายยา ไหม ครับ

이 근처에는 주차장이 있나요?　แถว นี้ มี ที่จอดรถ ไหม ครับ

แถว นี้ มี ที่จอดรถ ไหม ครับ

이 공원 좋아요?　　　　　　สวน นี้ ดี ไหม ครับ

สวน นี้ ดี ไหม ครับ

병원 근처에는 차가 많이 막혀요?　แถว โรงพยาบาล รถติด มาก ไหม ครับ

แถว โรงพยาบาล รถติด มาก ไหม ครับ

직접 쓰고 큰 소리로 말해보세요!

이 은행 좋아요?   타나칸 니 디 마이 크랍

이 근처에는 약국이 있나요?   태우 니 미 란카이야 마이 크랍

이 근처에는 주차장이 있나요?   태우 니 미 티쩟롯 마이 크랍

이 공원 좋아요?   쑤안 니 디 마이 크랍

병원 근처에는 차가 많이 막혀요?   태우 롱파야반 롯띳 막 마이 크랍

18 ใช่มั้ย **차이마이**

그렇지?

 포인트 콕!

• ใช่มั้ย[차이마이]는 문장 끝에 위치하여 어떤 상황이나 행위를 확인할 때 사용한다.

패턴 꽉!

• 이것은 여드름이지(그렇지)?	นี่ คือ สิว ใช่มั้ย
• 한국어 구사하는 거 어렵지(그렇지)?	พูด ภาษา เกาหลี ยาก ใช่มั้ย
• 중국어 구사하는 거 잘하지(그렇지)?	พูด ภาษา จีน เก่ง ใช่มั้ย
• 어제 일했지(그렇지)?	เมื่อวาน ทำงาน ใช่มั้ย
• 지금 많이 덥지(그렇지)?	ตอนนี้ ร้อน มาก ใช่มั้ย

해설 ✛

대답할 때는 ใช่[차이] = 맞다 , ไม่ใช่[마이차이] = 맞지 않다로 답한다.

어휘 더하기!

• สิว 여드름
  씨우

• พูด 말하다, 구사하다
  풋-

• เกาหลี 한국
  까올리-

• ยาก 어렵다
  약-

• เก่ง 잘하다
  껭-

• ร้อน 덥다
  런-

- **นี่ คือ สิว ใช่มั้ย**
  니– 크– 씨우 차이마이
  이것은 여드름이지(그렇지)?

- **พูด ภาษา เกาหลี ยาก ใช่มั้ย**
  풋– 파–싸– 까올리– 약– 차이마이
  한국어 구사하는 거 어렵지(그렇지)?

- **พูด ภาษา จีน เก่ง ใช่มั้ย**
  풋– 파–싸– 찐– 껭– 차이마이
  중국어 구사하는 거 잘하지(그렇지)?

- **เมื่อวาน ทำงาน ใช่มั้ย**
  므–아완– 탐응안– 차이마이
  어제 일했지(그렇지)?

- **ตอนนี้ ร้อน มาก ใช่มั้ย**
  떤–니– 런– 막– 차이마이
  지금 많이 덥지(그렇지)?

아래 단어를 참고하여 직접 문장을 만들어 보세요!

날씨와 관련된 어휘

- หนาว 춥다
  나-우

- อบอุ่น 따뜻하다
  옵운

- ฝน ตก 비가 내리다
  폰 똑

- หิมะ ตก 눈이 내리다
  히마 똑

- ชื้น 습하다
  츤-

- แห้ง 건조하다
  행-

지금 많이 춥지?   ตอนนี้ หนาว มาก ใช่มั้ย

ตอนนี้ หนาว มาก ใช่มั้ย

어제 비가 왔었지?   เมื่อวาน ฝน ตก ใช่มั้ย

เมื่อวาน ฝน ตก ใช่มั้ย

어제 눈이 왔었지?   เมื่อวาน หิมะ ตก ใช่มั้ย

เมื่อวาน หิมะ ตก ใช่มั้ย

지금 많이 습하지?   ตอนนี้ ชื้น มาก ใช่มั้ย

ตอนนี้ ชื้น มาก ใช่มั้ย

지금 건조하지?   ตอนนี้ แห้ง ใช่มั้ย

ตอนนี้ แห้ง ใช่มั้ย

지금 많이 춥지?   떤니 나우 막 차이마이

- -

어제 비가 왔었지?   므아완 폰 똑 차이마이

- -

어제 눈이 왔었지?   므아완 히마 똑 차이마이

- -

지금 많이 습하지?   떤니 츤 막 차이마이

- -

지금 건조하지?   떤니 행 차이마이

- -

19

ได้ไหม   다^-이마^이

할 수 있어?

MP3 / VOD

 포인트 콕!

• ได้ไหม[다^-이마^이]는 문장 끝에 위치하여 동사의 가능 여부를 묻는다.

패턴 꽉!

• 깎아줄 수 있어요?	ลด ได้ไหม คะ
• 도와줄 수 있어요?	ช่วย ได้ไหม คะ
• 다시 올 수 있어요?	มา อีกครั้ง ได้ไหม คะ
• 월요일날 올 수 있어요?	วันจันทร์ มา ได้ไหม คะ
• 신용카드로 지불할 수 있어요?	จ่าย บัตรเครดิต ได้ไหม คะ

해설 +

ได้는 ~ 할 수 있다의 뜻으로 동사 뒤에 위치하여 동사의 가능함을 나타낸다.

예 ลด[롯] = 깎다 , ลด ได้[롯 다^-이] = 깎을 수 있다

어휘 더하기!

• ลด 깎다, 줄이다
  롯

• ช่วย 돕다
  추-아이

• อีกครั้ง 다시, 한 번 더
  익-크랑

• วันจันทร์ 월요일
  완 짠

• จ่าย 지불하다
  짜-이

• บัตรเครดิต 신용카드
  밧크레-딧

108 •

문장 읽기 성조에 맞게 큰소리로 읽어보세요!

- **ลด ได้ไหม คะ**
  롯   다-이마이   카

  깎아줄 수 있어요?

- **ช่วย ได้ไหม คะ**
  추-아이   다-이마이   카

  도와줄 수 있어요?

- **มา อีกครั้ง ได้ไหม คะ**
  마-   익-크랑   다-이마이   카

  다시 올 수 있어요?

- **วันจันทร์ มา ได้ไหม คะ**
  완짠   마-   다-이마이   카

  월요일날 올 수 있어요?

- **จ่าย บัตรเครดิต ได้ไหม คะ**
  짜-이   밧크레-딧   다-이마이   카

  신용카드로 지불할 수 있어요?

아래 단어를 참고하여 직접 문장을 만들어 보세요!

요일과 관련된 어휘

- วันอังคาร 화요일
  완앙칸-
- วันพุธ 수요일
  완풋
- วันพฤหัส 목요일
  왓파르핫

- วันศุกร์ 금요일
  완쑥
- วันเสาร์ 토요일
  완싸오
- วันอาทิตย์ 일요일
  완아-팃

화요일날 올 수 있어요?   วันอังคาร มา ได้ไหม คะ

วันอังคาร มา ได้ไหม คะ

수요일날 도와줄 수 있어요?   วันพุธ ช่วย ได้ไหม คะ

วันพุธ ช่วย ได้ไหม คะ

목요일날 올 수 있어요?   วันพฤหัส มา ได้ไหม คะ

วันพฤหัส มา ได้ไหม คะ

금요일날 도와줄 수 있어요?   วันศุกร์ ช่วย ได้ไหม คะ

วันศุกร์ ช่วย ได้ไหม คะ

토요일날 올 수 있어요?   วันเสาร์ มา ได้ไหม คะ

วันเสาร์ มา ได้ไหม คะ

직접 쓰고 큰 소리로 말해보세요!

화요일날 올 수 있어요?　　　　완앙칸 마 다이마이 카

．．．．．．．．．．．．．．．．．．．．．．．．．．．．．．．．．．．．．．

수요일날 도와줄 수 있어요?　　왓풋 추아이 다이마이 카

．．．．．．．．．．．．．．．．．．．．．．．．．．．．．．．．．．．．．．

목요일날 올 수 있어요?　　　　왓파르핫 마 다이마이 카

．．．．．．．．．．．．．．．．．．．．．．．．．．．．．．．．．．．．．．

금요일날 도와줄 수 있어요?　　왓쑥 추아이 다이마이 카

．．．．．．．．．．．．．．．．．．．．．．．．．．．．．．．．．．．．．．

토요일날 올 수 있어요?　　　　완싸오 마 다이마이 카

．．．．．．．．．．．．．．．．．．．．．．．．．．．．．．．．．．．．．．

20

เคย ... ไหม 크ㅓ-이... ม้าย
해 본 적 있어?

 MP3 / VOD

 포인트 콕!

• 1เคย[크ㅓ-이]는 동사 앞에 위치하여 **(동사)** ~ 한 적이 있다를 뜻하며
문장 끝에 의문문을 만드는 ไหม[ม้าย]가 함께 위치하면 <u>동사의 경험 유무를 묻는다.</u>

패턴 꽉!

• 그녀를 본 적이 있어?	เคย เห็น เขา ไหม
• 운전해본 적 있어?	เคย ขับรถ ไหม
• 태국어 시험 본 적 있어?	เคย สอบ ภาษา ไทย ไหม
• 국수 맛본 적 있어?	เคย ชิม ก๋วยเตี๋ยว ไหม
• 강아지 키워 본 적 있어?	เคย เลี้ยง หมา ไหม

해설 +

"보다"의 뜻을 가진 단어로 เห็น[헨]과 ดู[두-]가 있다.
เห็น[헨]은 단지 눈으로만 보는 것이고
ดู[두-]는 티비나 영화를 감상하면서 생각과 함께 볼 때 사용한다.

어휘 더하기!

• เห็น 보다 헨	• ชิม 맛보다 침	• เลี้ยง 키우다, 보살피다 리-양
• สอบ 시험을 보다 썹-	• ก๋วยเตี๋ยว 국수 꾸-아이띠-야우	• หมา 강아지 마-

- **เคย เห็น เขา ไหม**
  크ㅓ-이   헨   카오   마이
  그녀를 본 적이 있어?

- **เคย ขับรถ ไหม**
  크ㅓ-이   캅롯   마이
  운전해본 적 있어?

- **เคย สอบ ภาษา ไทย ไหม**
  크ㅓ-이   썹-   파-싸-   타이   마이
  태국어 시험 본 적 있어?

- **เคย ชิม ก๋วยเตี๋ยว ไหม**
  크ㅓ-이   침   꾸-아이띠-야우   마이
  국수 맛본 적 있어?

- **เคย เลี้ยง หมา ไหม**
  크ㅓ-이   리-양   마-   마이
  강아지 키워 본 적 있어?

아래 단어를 참고하여 직접 문장을 만들어 보세요!

↙ 동물과 관련된 어휘

- แมว 고양이
  매-우
- ไก่ 닭
  까이
- หมู 돼지
  무-
- ช้าง 코끼리
  창-
- ลิง 원숭이
  링
- วัว 소
  우-아

고양이 키워 본 적 있어?　　　เคย เลี้ยง แมว ไหม

เคย เลี้ยง แมว ไหม

닭 국수 맛본 적 있어?　　　เคย ชิม ก๋วยเตี๋ยว ไก่ ไหม

เคย ชิม ก๋วยเตี๋ยว ไก่ ไหม

돼지 국수 맛본 적 있어?　　　เคย ชิม ก๋วยเตี๋ยว หมู ไหม

เคย ชิม ก๋วยเตี๋ยว หมู ไหม

코끼리 본 적 있어?　　　เคย เห็น ช้าง ไหม

เคย เห็น ช้าง ไหม

원숭이 본 적 있어?　　　เคย เห็น ลิง ไหม

เคย เห็น ลิง ไหม

직접 쓰고 큰 소리로 말해보세요!

고양이 키워 본 적 있어? 크ㅓ이 리양 매우 마이

닭 국수 맛본 적 있어? 크ㅓ이 침 꾸아이띠야우 까이 마이

돼지 국수 맛본 적 있어? 크ㅓ이 침 꾸아이띠야우 무 마이

코끼리 본 적 있어? 크ㅓ이 헨 창 마이

원숭이 본 적 있어? 크ㅓ이 헨 링 마이

04장

3개의 비교 패턴!

21 비교급   กว่า

22 최상급   ที่สุด

23 ~처럼, ~같이 เหมือน

태국 날씨

   태국은 일 년 내내 덥고 습한 열대성 기후이지만 그 안에서도 여름, 우기, 겨울 이렇게 나눌 수 있다.

   여름은 3월을 시작으로 6월까지로 4월에 있는 송끄란 물 축제는 뜨거운 햇볕과 더불어 물싸움을 즐기기에 더없이 좋은 시기에 있다. 40도까지 올라갈 정도로 무덥고 푹푹 찌지만 태국사람들은 강렬한 태양에 피부를 보호하기 위하여 긴 팔과 긴바지를 많이 입는다. 좀처럼 피부를 드러내지 않기 때문에 바닷가에 놀러 가더라도 낮에 물놀이하는 사람은 극히 드물다. 보통 그늘 밑에 있거나 해가 지는 저녁노을에 가장 많이 활동한다. 우기는 6월부터 9월까지로 하루종일 비가 오기도 하고 하루에도 몇몇씩 소나기가 지나간다. 언제 어느 때 비가 올지 모르니 이 시기에는 항상 우산을 챙겨다녀야 하며 오토바이 운전자들 또한 항상 비옷을 챙겨 다닌다. 배수 시스템이 좋지 않아 비가 한번 많이 내릴 땐 온 도시가 물에 잠

여름, 우기, 겨울로 나뉘는 태국 날씨

기기도 하고 물난리가 나기 일쑤이다. 이 시기에 여행한다면 물이 잘 빠지고 발을 잘 감싸는 샌들이나 버려져도 상관없는 신발을 신어야 한다.

  겨울은 9월부터 3월까지로 정말 살짝 쌀쌀할 정도로 날씨가 변한다. 체감온도로는 더 춥게 느껴져 이 시기에는 재킷이나 두툼한 옷을 입고 다니는 태국 사람들을 볼 수 있다. 북부지역은 중남부지역보다 훨씬 더 추운 태국의 겨울을 느낄 수 있다. 그렇기에 이 시기가 태국을 여행하기에 가장 좋은 시기로 습도가 낮아 낮에 돌아다니기도 적합하다. 그래서 12월부터 3월 말까지가 태국의 성수기이다.

กว่า 꽈-
비교급

• 형용사 뒤에 กว่า[꽈-]가 위치하면 비교급을 나타낸다.

 패턴 꽉!

• 이 고양이가 더 작다.	แมว นี้ เล็ก กว่า
• 그가 나보다 키가 더 크다.	เขา สูง กว่า ผม
• 그 수박이 더 커?	แตงโม นั้น ใหญ่ กว่า ไหม
• 이 케이크이 더 맛있지?	เค้ก นี้ อร่อย กว่า ใช่มั้ย
• 이 케이크가 너의 케이크보다 더 비싸다.	เค้ก นี้ แพง กว่า เค้ก ของ คุณ

 해설 +

ดี[디-]와 함께 결합하여 ดีกว่า[디-꽈-] "~하는 것이 낫다"표현으로 많이 쓰인다.

🔹 ร้อน ดีกว่า หนาว [런- 디-꽈- 나-우] 더운 것이 추운 것보다 낫다.

 어휘 더하기!

• เล็ก 작다 /렉	• ใหญ่ 크다 야이	• อร่อย 맛있다 아러-이
• สูง 키가 크다 쑹-	• เค้ก 케익 /켁-	• แพง 비싸다 팽-

- **แมว นี้ เล็ก กว่า**

  매-우   니-   렉   꽈-

  이 고양이가 더 작다.

- **เขา สูง กว่า ผม**

  카오   쑹-   꽈-   폼

  그가 나보다 키가 더 크다.

- **แตงโม นั้น ใหญ่ กว่า ไหม**

  땡-모-   난   야이   꽈-   마이

  그 수박이 더 커?

- **เค้ก นี้ อร่อย กว่า ใช่มั้ย**

  켁-   니-   아러-이   꽈-   차이마이

  이 케이크가 더 맛있지?

- **เค้ก นี้ แพง กว่า เค้ก ของ คุณ**

  켁-   니-   팽-   꽈-   켁-   컹-   쿤

  이 케이크가 너의 케이크보다 더 비싸다.

아래 단어를 참고하여 직접 문장을 만들어 보세요!

외모와 관련된 어휘

- อ้วน 뚱뚱하다
  우-안
- ผอม 날씬하다
  펌-
- เตี้ย 키가 작다
  띠-야

- หล่อ 잘 생기다
  러-
- สวย 예쁘다
  쑤-아이
- น่าเกลียด 못 생기다
  나-끌리-얏

그는 나보다 더 뚱뚱하다.　　เขา อ้วน กว่า ผม

เขา อ้วน กว่า ผม

그는 나보다 더 날씬하다.　　เขา ผอม กว่า ผม

เขา ผอม กว่า ผม

그는 나보다 더 키가 작다.　　เขา เตี้ย กว่า ผม

เขา เตี้ย กว่า ผม

그는 나보다 더 잘생겼다.　　เขา หล่อ กว่า ผม

เขา หล่อ กว่า ผม

그는 나보다 더 못생겼다.　　เขา น่าเกลียด กว่า ผม

เขา น่าเกลียด กว่า ผม

직접 쓰고 큰 소리로 말해보세요!

그는 나보다 더 **뚱뚱하다.** 카오 우안 꽈 폼

그는 나보다 더 **날씬하다.** 카오 펌 꽈 폼

그는 나보다 더 **키가 작다.** 카오 띠야 꽈 폼

그는 나보다 더 **잘생겼다.** 카오 러 꽈 폼

그는 나보다 더 **못생겼다.** 카오 나끌리얏 꽈 폼

22 ที่สุด 티-쏫
최상급

 포인트 콕!

• 형용사 뒤에 ที่สุด[티-쏫]이 위치하면 최상급을 나타낸다.

✋ 패턴 꽉!

• 왜 제일 늦게 와? **ทำไม มา ช้า ที่สุด**

• 아버지는 과일 주스 마시 는것을 가장 좋아합니다. **คุณพ่อ ชอบ ดื่ม น้ำผลไม้ มาก ที่สุด ครับ**

• 누가 운전을 제일 잘해요? **ใคร ขับรถ เก่ง ที่สุด ครับ**

• 해산물은 어디가 가장 저렴해요? **อาหารทะเล ที่ไหน ถูก ที่สุด ครับ**

• 오늘 형이 제일 빨리 집에 돌아올 것입니다. **วันนี้ พี่ชาย จะ กลับ บ้าน เร็ว ที่สุด ครับ**

✏ 해설 ✚

구어체에서는 소리가 짧은 형용사들을 반복사용하여 말하는 경우가 있다.

📀 **พูด ช้าช้า** [푿- 차-차-] = 천천히 말하다

พูด เร็วเร็ว [푿- 레우레우] = 빨리 빨리 말하다

 어휘 더하기!

• **ช้า** 느리다
차-

• **อาหารทะเล** 해산물
아-한-탈레-

• **เร็ว** 빠르다
레우

• **น้ำผลไม้** 과일쥬스
남폰라마이

• **ถูก** 저렴하다
툭-

• **กลับ** 돌아가(오)다
끌랍

성조에 맞게 큰소리로 읽어보세요!

- ทำไม มา ช้า ที่สุด

탐마이   마-   차-   티-쏫

왜 제일 늦게 와?

- คุณพ่อ ชอบ ดื่ม น้ำผลไม้ มาก ที่สุด ครับ

쿤퍼-   첩-   듬-   남폰라마이   막-   티-쏫   크랍

아버지는 과일 주스 마시는 것을 가장 좋아합니다.

- ใคร ขับรถ เก่ง ที่สุด ครับ

크라이   캅롯   껭-   티-쏫   크랍

누가 운전을 제일 잘해요?

- อาหารทะเล ที่ไหน ถูก ที่สุด ครับ

아-한-탈레-   티-나이   툭-   티-쏫   크랍

해산물은 어디가 가장 저렴해요?

- วันนี้ พี่ชาย จะ กลับ บ้าน เร็ว ที่สุด ครับ

완니-   피-차-이   짜   끌랍   반-   레우   티-쏫   크랍

오늘 형이 제일 빨리 집에 돌아올 것입니다.

아래 단어를 참고하여 직접 문장을 만들어 보세요!

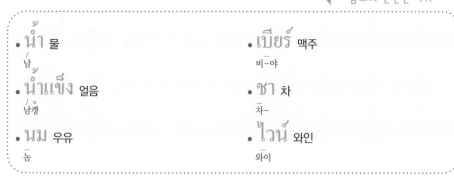

음료와 관련된 어휘

- น้ำ 물
  남
- น้ำแข็ง 얼음
  남캥
- นม 우유
  놈

- เบียร์ 맥주
  비야
- ชา 차
  차
- ไวน์ 와인
  와이

형은 물을 제일 좋아해요.　　　　พี่ชาย ชอบ น้ำ ที่สุด ครับ

พี่ชาย ชอบ น้ำ ที่สุด ครับ

왜 우유를 제일 느리게 마셔?　　　ทำไม ดื่ม นม ช้า ที่สุด

ทำไม ดื่ม นม ช้า ที่สุด

아버지는 차 마시는 것을 가장 좋아해요.　คุณพ่อ ชอบ ดื่ม ชา มาก ที่สุด ครับ

คุณพ่อ ชอบ ดื่ม ชา มาก ที่สุด ครับ

맥주는 어디가 제일 저렴해요?　　　เบียร์ ที่ไหน ถูก ที่สุด ครับ

เบียร์ ที่ไหน ถูก ที่สุด ครับ

와인은 어디가 제일 저렴해요?　　　ไวน์ ที่ไหน ถูก ที่สุด ครับ

ไวน์ ที่ไหน ถูก ที่สุด ครับ

직접 쓰고 큰 소리로 말해보세요!

형은 물을 제일 좋아해요.   피차이 첩 남 티쑷 크랍

왜 우유를 제일 느리게 마셔?   탐마이 듬 놈 차 티쑷

아버지는 차 마시는 것을 가장 좋아해요.   쿤퍼 첩 듬 차 막 티쑷 크랍

맥주는 어디가 제일 저렴해요?   비야 티나이 툭 티쑷 크랍

와인은 어디가 제일 저렴해요?   와이 티나이 툭 티쑷 크랍

23 เหมือน 므-안

~처럼, ~같이

MP3 / VOD

 포인트 콕!

• 비교 대상 사이에 เหมือน[므-안]이 위치할 경우 서로의 유사성을 나타낸다.

[X เหมือน Y = X는 Y와 같다]

 패턴 꽉!

• 우리는 컴퓨터처럼 똑똑하다.	เรา ฉลาด เหมือน คอมพิวเตอร์
• 엄마는 소녀같이 순수하다.	แม่ บริสุทธิ์ เหมือน เด็กผู้หญิง
• 왜 거북이같이 느리게 걸어?	ทำไม เดิน ช้า เหมือน เต่า
• 나 또한 외롭다.	ผม เหงา เหมือน กัน
• 나 또한 지금 많이 바쁘다.	ตอนนี้ ผม ยุ่ง มาก เหมือน กัน

해설 +

뒤에 **กัน[깐]**과 합쳐져 "**또한, 마찬가지로**"의 의미가 된다.

어휘 더하기!

• **ฉลาด** 똑똑하다 차랏-	• **เด็กผู้หญิง** 소녀 덱푸-잉	• **เหงา** 외롭다 응아오
• **บริสุทธิ์** 순수하다 버-리쑷	• **เต่า** 거북이 따오	• **กัน** 서로, 함께 깐

성조에 맞게 큰소리로 읽어보세요!

- เรา ฉลาด เหมือน คอมพิวเตอร์

  라오   차랏-   므-안   컴-피우뜨ㅓ-

  우리는 컴퓨터처럼 똑똑하다.

- แม่ บริสุทธิ์ เหมือน เด็กผู้หญิง

  매-   버-리쑷   므-안   덱푸-잉

  엄마는 소녀같이 순수하다.

- ทำไม เดิน ช้า เหมือน เต่า

  탐마이   드ㅓㄴ-   차-   므-안   따오

  왜 거북이같이 느리게 걸어?

- ผม เหงา เหมือน กัน

  폼   응아오   므-안   깐

  나 또한 외롭다.

- ตอนนี้ ผม ยุ่ง มาก เหมือน กัน

  떤-니-   폼   융   막-   므-안   깐

  나 또한 지금 많이 바쁘다.

129

아래 단어를 참고하여 직접 문장을 만들어 보세요!

태도와 관련된 어휘

- หัวเราะ 웃다
  후-아러
- ใจดี 착하다
  짜이디-
- ขี้เกียจ 게으르다
  키-끼-얏

- เบื่อ 지루하다, 심심하다
  브-아
- ขยัน 부지런하다
  카얀
- อาย 부끄럽다
  아-이

엄마는 소녀같이 잘 웃는다. **แม่ หัวเราะ เหมือน เด็กผู้หญิง**

แม่ หัวเราะ เหมือน เด็กผู้หญิง

나 또한 착하다. **ผม ใจดี เหมือน กัน**

ผม ใจดี เหมือน กัน

나 또한 지루하다. **ผม เบื่อ เหมือน กัน**

ผม เบื่อ เหมือน กัน

우리는 엄마처럼 부지런하다. **เรา ขยัน เหมือน แม่**

เรา ขยัน เหมือน แม่

엄마는 소녀같이 부끄러워한다. **แม่ อาย เหมือน เด็กผู้หญิง**

แม่ อาย เหมือน เด็กผู้หญิง

130 •

직접 쓰고 큰 소리로 말해보세요!

엄마는 소녀같이 잘 웃는다.   매 후아러 므안 덱푸잉

나 또한 착하다.   폼 짜이디 므안 깐

나 또한 지루하다.   폼 브아 므안 깐

우리는 엄마처럼 부지런하다.   라오 카얀 므안 매

엄마는 소녀같이 부끄러워한다.   매 아이 므안 덱푸잉

05장

2개의 단어/문장 연결 패턴!

24 연결어 1 ที่

25 연결어 2 ว่า

특별한 태국 선물!

태국 느낌 가득! 합리적인 가격!

Top 1 – 태국 음식 소스, 양념 세트

태국 현지 맛을 제대로 낼 수 있는 소스나 한국에서는 구하기 힘든 태국 양념은 저렴하기도 하고 부피가 적어 대량으로 구매해도 무리가 없는 선물이다. 태국의 대형마트인 빅씨 마트나 테스코에 있는 식품코너에 가면 다양한 소스와 양념들을 찾을 수 있으니 구경하는 재미도 있고 선물용으로 부담 없이 줄 수 있으니 이만한 것이 없다. 뿌팟퐁 커리 소스가 있으니 절대 잊지 말자!

Top 2 - 코코넛의 모든 것

코코넛의 마더랜드라 불리는 태국은 무궁무진한 코코넛 상품이 있다. 하나부터 열까지 하나도 버릴 것이 없는 코코넛은 한 벽을 코코넛 상품으로 가득 채울 수 있을 정도로 정말 다양한 품목들이 있으니 취향대로 골라 보길 바란다. 향도 좋고 건강에도 좋은 코코넛! 선물하기에도 좋아 인기 만점!

Top 3 - 타이 마사지의 허브볼

허브볼은 수백 년의 역사를 가진 태국 고유의 전통 치료법 중 하나로 천연 허브를 무명천 안에 넣고 볼에 형태로 만든 마사지 기구이다. 따뜻하게 찐 후 몸에 굴리듯이 마사지하면 온기가 퍼져 통증이 완화되고 면역력을 강화시키는 테라피로 이 허브볼을 태국에서 굉장히 저렴한 가격으로 구입할 수 있다. 포장지를 뜯는 순간 태국 향기가 물씬 나는 선물로 강력 추천한다.

24 ที่ 티-

연결어 1

MP3 / VOD

👉 포인트 쾈!

• ที่[티-]가 명사 뒤에 위치하여 명사의 부연설명을 연결하는 용법으로 쓰인다.

✋ 패턴 쾈!

• 노란색 옷을 입은 여자.

ผู้หญิง ที่ ใส่ เสื้อผ้า สีเหลือง

• 노란색 옷을 입은 그 여자를 좋아해요.

ชอบ ผู้หญิง นั้น ที่ ใส่ เสื้อผ้า สีเหลือง ครับ

• 꽃을 든 여자는 이뻐요.

ผู้หญิง ที่ ถือ ดอกไม้ สวย ครับ

• 자고 있는 여동생은 아파요.

น้องสาว ที่ กำลัง นอนหลับ ไม่ สบาย ครับ

• 해산물이 맛있는 식당은 제일 비싸요.

ร้านอาหาร ที่ อาหารทะเล อร่อย แพง ที่สุด ครับ

👉 해설 ➕

❶ ที่[티-]는 태국어에서 많은 용법으로 사용되는 대표 단어 중에 하나이다.

❷ 구어체에서 생략하여 말하기도 한다.

✌️ 어휘 더하기!

• ผู้หญิง 여자
푸̂-잉̌

• ใส่ 입다
싸이̀

• สีเหลือง 노란색
씨̌-르̀-앙̌

• เสื้อผ้า 옷
쓰̂-아파̂-

• ถือ (손으로) 들다, 잡다
트̌-

• ดอกไม้ 꽃
덕̀-마이́

136 •

문장 읽기   성조에 맞게 큰소리로 읽어보세요!

- ผู้หญิง ที่ ใส่ เสื้อผ้า สีเหลือง

  푸–잉   티–   싸이   쓰–아파–   씨–르–앙

  노란색 옷을 입은 여자.

- ชอบ ผู้หญิง นั้น ที่ ใส่ เสื้อผ้า สีเหลือง ครับ

  첩–   푸–잉   난   티– 싸이   쓰–아파–   씨–르–앙   크랍

  노란색 옷을 입은 그 여자를 좋아해요.

- ผู้หญิง ที่ ถือ ดอกไม้ สวย ครับ

  푸–잉   티– 트–   덕–마이   쑤–아이   크랍

  꽃을 든 여자는 이뻐요.

- น้องสาว ที่ กำลัง นอนหลับ ไม่ สบาย ครับ

  넝–싸우   티–   깜랑   넌–랍   마이   싸바–이   크랍

  자고 있는 여동생은 아파요.

- ร้านอาหาร ที่ อาหารทะเล อร่อย แพง ที่สุด ครับ

  란–아–한–   티–   아–한–탈레–   아러–이   팽–   티–쑷   크랍

  해산물이 맛있는 식당은 제일 비싸요.

아래 단어를 참고하여 직접 문장을 만들어 보세요!

색깔과 관련된 어휘

- สีแดง 빨간색
  씨–댕–
- สีฟ้า 파란색
  씨–파–
- สีดำ 검은색
  씨–담
- สีเขียว 초록색
  씨–키–야우
- สีขาว 하얀색
  씨–카–우
- สีชมพู 분홍색
  씨–촘푸–

빨간 옷을 입은 여자.　　　ผู้หญิง ที่ ใส่ เสื้อผ้า สีแดง

ผู้หญิง ที่ ใส่ เสื้อผ้า สีแดง

파란 옷을 입은 여동생.　　　น้องสาว ที่ ใส่ เสื้อผ้า สีฟ้า

น้องสาว ที่ ใส่ เสื้อผ้า สีฟ้า

검은색 옷을 입은 여자는 이뻐요.　　ผู้หญิง ที่ ใส่ เสื้อผ้า สีดำ สวย ครับ

ผู้หญิง ที่ ใส่ เสื้อผ้า สีดำ สวย ครับ

초록색 옷을 입은 여자는 이뻐요.　　ผู้หญิง ที่ ใส่ เสื้อผ้า สีเขียว สวย ครับ

ผู้หญิง ที่ ใส่ เสื้อผ้า สีเขียว สวย ครับ

하얀색 옷을 입은 그 여자를 좋아해요.　ชอบ ผู้หญิง นั้น ที่ ใส่ เสื้อผ้า สีขาว ครับ

ชอบ ผู้หญิง นั้น ที่ ใส่ เสื้อผ้า สีขาว ครับ

직접 쓰고 큰 소리로 말해보세요!

빨간색 옷을 입은 여자.   푸잉 티 싸이 쓰아파 씨댕

파란색 옷을 입은 여동생.   넝싸우 티 싸이 쓰아파 씨파

검은색 옷을 입은 여자는 이뻐요.   푸잉 티 싸이 쓰아파 씨담 쑤아이 크랍

초록색 옷을 입은 여자는 이뻐요.   푸잉 티 싸이 쓰아파 씨키야우 쑤아이 크랍

하얀색 옷을 입은 그 여자를 좋아해요.   첩 푸잉 난 티 싸이 쓰아파 씨카우 크랍

25

ว่า ว่า-

연결어 2

👉 **포인트 콕!**

• ว่า[와-]가 동사 뒤에 위치하면 뒤에 오는 절을 연결 또는 설명하는 용법으로 쓰인다.
~라고, ~하기를 이렇게 해석된다.

✋ **패턴 꽉!**

• 내가 생각하기에 그녀는 너무 귀여워.	ฉัน คิด ว่า เขา น่ารัก มาก
• 생각하기에 이 핸드폰 어때?	คิด ว่า โทรศัพท์มือถือ นี้ เป็นอย่างไร
• 우리는 시험이 많이 어렵다는 것을 안다.	เรา รู้ ว่า การสอบ ยาก มาก
• 이 단어 태국어로 뭐라고 불러?	คำ นี้ ภาษาไทย เรียก ว่า อะไร
• 선생님이 말하기를 이 음식 달대!	ครู บอก ว่า อาหาร นี้ หวาน

👉 **해설 +**

❶ 대표적으로 ~라고 말하기를, ~라고 **생각하기를**, ~라고 알기를, **구어체**에서 많이 사용한다.

❷ เรียก[리^-약]과 함께 쓰여 เรียก ว่า[리^-약 와-] '~라고 불린다' 뜻으로 많이 쓰인다.

☝ **어휘 더하기!**

• น่ารัก 귀엽다 나^-락	• การสอบ 시험 깐-썹-	• เรียก 부르다 리^-약
• รู้ 알다 (정보) /루-	• คำ 단어 캄	• หวาน 달다 완-

- ฉัน คิด ว่า เขา น่ารัก มาก
  찬 킷 와- 카오 나-락 막-

  내가 생각하기에 그녀는 너무 귀여워.

- คิด ว่า โทรศัพท์มือถือ นี้ เป็นอย่างไร
  킷 와- 토-라쌉므-트- 니- 뻰양-라이

  생각하기에 이 핸드폰 어때?

- เรา รู้ ว่า การสอบ ยาก มาก
  라오 루- 와- 깐-썹- 약- 막-

  우리는 시험이 많이 어렵다는 것을 안다.

- คำ นี้ ภาษาไทย เรียก ว่า อะไร
  캄 니- 파-싸- 타이 리-약 와- 아라이

  이 단어 태국어로 뭐라고 불러?

- ครู บอก ว่า อาหาร นี้ หวาน
  크루- 벅- 와- 아한- 니- 완-

  선생님이 말하기를 이 음식 달대!

복습 톡톡 아래 단어를 참고하여 직접 문장을 만들어 보세요!

맛과 관련된 어휘

- รส 맛
  / 롯
- เค็ม 짜다
  ᗷ 켐
- เปรี้ยว 시다
  빨리－야우

- เผ็ด 맵다
  펫
- จืด 싱겁다
  쯧－
- ขม 쓰다
  ᵛ 콤

생각하기에 맛이 어때? คิด ว่า รส เป็นอย่างไร

คิด ว่า รส เป็นอย่างไร

내가 생각하기에 이 음식 많이 짜다. ฉัน คิด ว่า อาหาร นี้ เค็ม มาก

ฉัน คิด ว่า อาหาร นี้ เค็ม มาก

우리는 이 음식이 시다는 것을 안다. เรา รู้ ว่า อาหาร นี้ เปรี้ยว

เรา รู้ ว่า อาหาร นี้ เปรี้ยว

생각하기에 이 매운 음식 어때? คิด ว่า อาหาร เผ็ด นี้ เป็นอย่างไร

คิด ว่า อาหาร เผ็ด นี้ เป็นอย่างไร

선생님이 말하기를 이 음식 싱겁대. ครู บอก ว่า อาหาร นี้ จืด

ครู บอก ว่า อาหาร นี้ จืด

142

직접 쓰고 큰 소리로 말해보세요!

생각하기에 맛이 어때?   킷 와 롯 뻰양라이

내가 생각하기에 이 음식 많이 짜다.   찬 킷 와 아한 니 켐 막

우리는 이 음식이 시다는 것을 안다.   라오 루 와 아한 니 쁠리야우

생각하기에 이 매운 음식 어때?   킷 와 아한 펫 니 뻰양라이

선생님이 말하기를 이 음식 싱겁대.   크루 벅 와 아한 니 쯧

06장

8개의 전치사 패턴!

26 ~안에   ใน

27 (장소)~에서, ~부터   จาก

28 ~관해, ~대해   เกี่ยวกับ

29 ~와 함께   กับ

30 ~위해서   สำหรับ

31 ~에서   ที่

32 ~의   ของ

33 (시간)~부터~까지   ตั้งแต่...ถึง

세계적인 물 축제! 송끄란!

매년 4월 13부터 15일까지 열리는 송끄란 축제는 태국 전역에서 열리는 축제로 100만 명이 넘는 관광객들이 몰리는 태국에서 제일 큰 규모의 축제이다.

송끄란에 기원은 태국 옛 오랜 역사에서 새해 첫날을 4월 13일, 즉 지구가 완전히 태양을 한 바퀴 돈 날로 지정함으로써 시작되었고 그 전통은 지금까지도 태국인들에 의해 지속돼 오고 있다.

그래서 송끄란 기간이 오면 우리나라의 설과 같이 멀리 떨어져 지내던 가족들이 한자리에 모여 그동안 나누지 못했던 이야기와 음식을 나누며 서로를 축복하는 시간을 갖는다. 이 기간 동안 연장자가 아랫사람에 손 위로 물을 뿌려 새해에 복을 빌어주던 의식이 있었는데 시간이 지나면서 오늘날의 형태 즉 모두가 거리로 나와 다 함께 물싸움을 즐기는 축제가 되었다.

물 축제! 송끄란

호스, 양동이, 물총 심지어 얼음물까지 동원되어 물싸움을 하는데 물을 뿌리는 의미는 나쁜 운을 씻어내고 축복하는 것이기에 물을 맞은 사람은 화를 내지 않는다. 오히려 즐겁게 물드럼통을 들고나올 것이다.

나가면 무조건 젖게 되니 나는 젖지 않을 것이란 생각은 금물!

꼭 방수팩과 젖어도 무관한 옷을 입고 요즘엔 물총 압력이 강해져 물안경이나 고글을 써서 눈을 보호하는 것도 좋은 방법이다. 자 이렇게 만반에 준비를 했다면 이제는 가서 즐길 일만 남았다!

26 ใน นา이
~안에

✍️ 포인트 콕!

• ใน[나이]는 공간/장소 앞에 위치하여 ~안에, 내부에 등의 의미를 지닌 전치사에 해당한다.

🖐 패턴 꽉!

• 아이들이 교실 안에서 논다.	เด็กๆ เล่น ใน ห้องเรียน
• 학생들이 새로운 교실로 들어간다.	นักเรียน เข้า ใน ห้องเรียน ใหม่
• 이 공원 안에 카페 있어?	ใน สวน นี้ มี ร้านกาแฟ ไหม
• 차 안에서는 담배를 피울 수 없다.	สูบบุหรี่ ใน รถ ไม่ได้
• 태국에는 초록색 망고가 있다.	ใน ประเทศไทย มี มะม่วง สีเขียว

✍️ 해설 ➕

ร้าน[란-]은 상점, 가게라는 뜻으로 다음에 영업 목적이 위치하면 어떠한 상점인지를 나타낼 수 있다.

例 ร้าน หนังสือ [란- 낭쓰-] = 서점

　ร้าน ก๋วยเตี๋ยว [란- 꾸-아이띠-야우] = 국수가게

🖐 어휘 더하기!

• เด็กๆ 아이들 덱덱	• ใหม่ 새로운 마이	• ร้านกาแฟ 카페 란-까-패-
• เข้า 들어가다 카오	• มี 가지다, 있다 미-	• สูบบุหรี่ 담배를 피우다 쑵-부리-

성조에 맞게 큰소리로 읽어보세요!

• **เด็กๆ เล่น ใน ห้องเรียน**

덱덱 · 렌- · 나이 · 헝-리-얀

아이들이 교실 안에서 논다.

• **นักเรียน เข้า ใน ห้องเรียน ใหม่**

낙리-얀 · 카오 · 나이 · 헝-리-얀 · 마이

학생들이 새로운 교실로 들어간다.

• **ใน สวน นี้ มี ร้านกาแฟ ไหม**

나이 · 쑤-안 · 니- · 미- · 란-까-패- · 마이

이 공원 안에 카페 있어?

• **สูบบุหรี่ ใน รถ ไม่ได้**

쑵-부리- · 나이 · 롯 · 마이다-이

차 안에서는 담배를 피울 수 없다.

• **ใน ประเทศไทย มี มะม่วง สีเขียว**

나이 · 쁘라텟- · 타이 · 미- · 마무-앙 · 씨-키-야우

태국에는 초록색 망고가 있다.

복습 톡톡   아래 단어를 참고하여 직접 문장을 만들어 보세요!

교통수단과 관련된 어휘

- รถไฟ 기차
  롯파이
- รถบัส 버스
  롯밧
- เครื่องบิน 비행기
  크르-앙빈

- แท็กซี่ 택시
  택씨-
- สองแถว 트럭 택시
  썽-태-우
- เรือ 보트
  르-아

기차 안에 카페 있어?

ใน รถไฟ มี ร้านกาแฟ ไหม

ใน รถไฟ มี ร้านกาแฟ ไหม

아이들은 버스 안으로 들어갈 수 없다.

เด็กๆ เข้า ใน รถบัส ไม่ได้

เด็กๆ เข้า ใน รถบัส ไม่ได้

비행기 안에서 담배 피울 수 없다.

สูบบุหรี่ ใน เครื่องบิน ไม่ได้

สูบบุหรี่ ใน เครื่องบิน ไม่ได้

택시 안에는 망고가 있다.

ใน แท็กซี่ มี มะม่วง

ใน แท็กซี่ มี มะม่วง

쌩태우 안에서 담배 피울 수 없다.

สูบบุหรี่ ใน สองแถว ไม่ได้

สูบบุหรี่ ใน สองแถว ไม่ได้

직접 쓰고 큰 소리로 말해보세요!

기차 안에 카페 있어?   나이 롯파이 미 란까패 마이

아이들은 버스 안으로 들어갈 수 없다.   덱덱 카오 나이 롯밧 마이다이

비행기 안에서 담배 피울 수 없다.   쑵부리 나이 크르앙빈 마이다이

택시 안에는 망고가 있다.   나이 택씨 미 마무앙

썽태우 안에서 담배 피울 수 없다.   쑵부리 나이 썽태우 마이다이

27 จาก 짝-
(장소)~에서, ~부터

👈 **포인트 콕!**

• จาก[짝-]은 방향, 장소 앞에 위치하여 **~에서, ~부터**를 의미하는 전치사에 해당한다.

✋ **패턴 콕!**

• 어디에서 왔어요? (어디 출신이에요?)	คุณ มา จาก ที่ไหน คะ
• 저는 한국에서 왔어요.	ผม มา จาก เกาหลี ครับ
• 이곳에서 1분 걸려요.	1 นาที จาก ที่นี่ ครับ
• 당신의 집에서 2시간 걸리죠?	2 ชั่วโมง จาก บ้าน ของ คุณ ใช่มั้ย คะ
• 그곳에서 3시간 걸려요?	3 ชั่วโมง จาก ที่นั่น ไหม คะ

👈 **해설 ✛**

❶ 숫자 예외   a. 숫자 1은 11 이상의 숫자에서 เอ็ด[엣] 을 사용한다.

　　　　　　 b. 숫자 2는 20의 경우에만 ยี่สิบ [이-씹] 이라 부른다.

예 21 = สอง สิบ หนึ่ง 　　　　　 ยี่ สิบ เอ็ด
　　　　 [썽- 씹 능] (x) 　　　　 [이- 씹 엣] (o)

❷ 백 = ร้อย[러-이]　　 천 = พัน[판]　　 만= หมื่น [믄-]

예 31221 = สาม หมื่น หนึ่ง พัน สอง ร้อย ยี่ สิบ เอ็ด
　　　　　 [쌈- 믄- 능 판 썽- 러-이 이- 씹 엣]

✋ **어휘 더하기!**

• ที่นี่ 이곳, 여기 티-니-	• หนึ่ง 1 능	• สอง 2 썽-
• สาม 3 쌈-	• สิบ 10 씹	• ที่นั่น 그곳, 거기 티-난

- **คุณ มา จาก ที่ไหน คะ**

  쿤   마-   짝-   티-나이   카

  어디에서 왔어요? (어디 출신이에요?)

- **ผม มา จาก เกาหลี ครับ**

  폼   마-   짝-   까올리-   크랍

  저는 한국에서 왔어요.

- **1 นาที จาก ที่นี่ ครับ**

  능   나-티-   짝-   티-니-   크랍

  이곳에서 1분 걸려요.

- **2 ชั่วโมง จาก บ้าน ของ คุณ ใช่มั้ย คะ**

  썽-   추-아몽-   짝-   반-   컹-   쿤   차이마이   카

  당신의 집에서 2시간 걸리죠?

- **3 ชั่วโมง จาก ที่นั่น ไหม คะ**

  쌈-   추-아몽-   짝-   티-난-   마이   카

  그곳에서 3시간 걸려요?

아래 단어를 참고하여 직접 문장을 만들어 보세요!

숫자와 관련된 어휘

- สี่ 4
  씨-
- ห้า 5
  하-
- หก 6
  혹
- เจ็ด 7
  쩻
- แปด 8
  빼ㅅ-
- เก้า 9
  까오

이곳에서 5분 걸려요.　　ห้า นาที จาก ที่นี่ ครับ

ห้า นาที จาก ที่นี่ ครับ

그곳에서 6시간 걸려요.　　หก ชั่วโมง จาก ที่นั่น ครับ

หก ชั่วโมง จาก ที่นั่น ครับ

당신의 집에서 7분 걸리죠?　　เจ็ด นาที จาก บ้าน ของ คุณ ใช่มั้ย คะ

เจ็ด นาที จาก บ้าน ของ คุณ ใช่มั้ย คะ

그곳에서 8시간 걸려요?　　แปด ชั่วโมง จาก ที่นั่น ไหม คะ

แปด ชั่วโมง จาก ที่นั่น ไหม คะ

한국에서 9시간 걸려요.　　เก้า ชั่วโมง จาก เกาหลี ครับ

เก้า ชั่วโมง จาก เกาหลี ครับ

직접 쓰고 큰 소리로 말해보세요!

이곳에서 5분 걸려요.   하 나티 짝 티니 크랍

그곳에서 6시간 걸려요.   혹 추아몽 짝 티난 크랍

당신의 집에서 7분 걸리죠?   쩻 나티 짝 반 컹 쿤 차이마이 카

그곳에서 8시간 걸려요?   뺏 추아몽 짝 티난 마이 카

한국에서 10시간 걸려요.   까오 추아몽 짝 까올리 크랍

28 เกี่ยวกับ 끼-야우깝
~관해, ~대해

 포인트 콕!

• เกี่ยวกับ[끼-야우깝]은 ~**관해, ~대해**를 뜻하는 전치사로 언급하려는 대상 앞에 위치하여 쓰인다.

[เกี่ยวกับ + A] = A에 대해서

패턴 꽉!

• 당신은 무엇에 대해 생각하고 있어요?	คุณ กำลัง คิด เกี่ยวกับ อะไร ครับ
• 저는 이 뉴스에 대해 생각이 있어요.	ผม มี ความคิด เกี่ยวกับ ข่าว นี้ ครับ
• 저는 당신의 생각에 대해 알고 싶어요.	ผม อยาก รู้ เกี่ยวกับ ความคิด ของ คุณ ครับ
• 저는 무에타이에 대해 이야기 하고 싶어요.	ผม อยาก พูด เกี่ยวกับ มวยไทย ครับ
• 저는 미래에 대해 생각하고 싶지 않아요.	ผม ไม่ อยาก คิด เกี่ยวกับ อนาคต ครับ

해설 ✛

อยาก[약-] + 동사 ~ (동사)를 바라다, 하고 싶다 에 표현으로 많이 사용한다.

 어휘 더하기!

• ข่าว 뉴스
카-우

• ความคิด 생각
쾀-킷

• อยาก ~하고싶다
약-

• มวยไทย 무에타이
무-아이타이

• อนาคต 미래
아나-콧

- **คุณ กำลัง คิด เกี่ยวกับ อะไร ครับ**

  쿤   깜랑   킷   끼-야우깝   아라이   크랍

  당신은 무엇에 대해 생각하고 있어요?

- **ผม มี ความคิด เกี่ยวกับ ข่าว นี้ ครับ**

  폼   미-   쾀-킷   끼-야우깝   카-우   니-   크랍

  저는 이 뉴스에 대해 생각이 있어요.

- **ผม อยาก รู้ เกี่ยวกับ ความคิด ของ คุณ ครับ**

  폼   약-   루-   끼-야우깝   쾀-킷   컹-   쿤   크랍

  저는 당신의 생각에 대해 알고싶어요.

- **ผม อยาก พูด เกี่ยวกับ มวยไทย ครับ**

  폼   약-   풋-   끼-야우깝   무-아이타이   크랍

  저는 무에타이에 대해 이야기 하고 싶어요.

- **ผม ไม่ อยาก คิด เกี่ยวกับ อนาคต ครับ**

  폼   마이   약-   킷   끼-야우깝   아나-콧   크랍

  저는 미래에 대해 생각하고 싶지 않아요.

아래 단어를 참고하여 직접 문장을 만들어 보세요!

스포츠와 관련된 어휘

- กอล์ฟ 골프
  껍-
- ฟุตบอล 축구
  풋번-
- เทนนิส 테니스
  텐-닛
- ปิงปอง 탁구
  삥뼹-
- เบสบอล 야구
  벳-번-
- โบว์ลิ่ง 볼링
  보-링

저는 골프에 대해 생각하는 중이예요. ผม กำลัง คิด เกี่ยวกับ กอล์ฟ ครับ

ผม กำลัง คิด เกี่ยวกับ กอล์ฟ ครับ

저는 축구에 대해 생각이 있어요. ผม มี ความคิด เกี่ยวกับ ฟุตบอล ครับ

ผม มี ความคิด เกี่ยวกับ ฟุตบอล ครับ

저는 테니스에 대해 이야기 하고 싶어요. ผม อยาก พูด เกี่ยวกับ เทนนิส ครับ

ผม อยาก พูด เกี่ยวกับ เทนนิส ครับ

저는 탁구에 대해 생각하고 싶지 않아요. ผม ไม่ อยาก คิด เกี่ยวกับ ปิงปอง ครับ

ผม ไม่ อยาก คิด เกี่ยวกับ ปิงปอง ครับ

저는 야구에 대해 알고 싶어요. ผม อยาก รู้ เกี่ยวกับ เบสบอล ครับ

ผม อยาก รู้ เกี่ยวกับ เบสบอล ครับ

직접 쓰고 큰 소리로 말해보세요!

저는 골프에 대해 생각하는 중이예요.　　　　폼 깜랑 킷 끼야우깝 껍 크랍

저는 축구에 대해 생각이 있어요.　　　　　　폼 미 쾀킷 끼야우깝 풋번 크랍

저는 테니스에 대해 이야기 하고 싶어요.　　　폼 약 풋 끼야우깝 텐닛 크랍

저는 탁구에 대해 생각하고 싶지 않아요.　　　폼 마이 약 킷 끼야우깝 삥뼁 크랍

저는 야구에 대해 알고 싶어요.　　　　　　　폼 약 루 끼야우깝 벳번 크랍

29

กับ 깝
~와 함께

MP3 / VOD

👉 **포인트 콕!**

• กับ[깝]은 **~와 함께, 같이**를 뜻하는 전치사로 언급하려는 특정 대상 앞에 위치하여 쓰인다.

[กับ + A] = A와 함께

✋ **패턴 꽉!**

• 밥이랑 같이 먹고 싶어요.　　**อยาก กิน กับ ข้าว ครับ**

• 당신은 나와 결혼해 줄 수 있어요?　　**คุณ จะ แต่งงาน กับ ผม ได้ไหม ครับ**

• 그녀는 선생님과 대화하는 중이죠?　　**เขา กำลัง คุย กับ ครู ใช่มั้ย ครับ**

• 외할머니와 같이 가는 사람이 누구예요?　　**คน ที่ ไป กับ ยาย ใคร ครับ**

• 저는 당신과 영원히 살고 싶어요.　　**ฉัน อยาก อยู่ กับ คุณ ตลอดไป ค่ะ**

👉 **해설 +**

คน[콘]은 "사람"이라는 뜻으로 뒤에 국적, 직업, 형용사 등을 위치하여 ~사람을 표현할 수 있다.

📙 คน ไทย [콘 타이] = 태국 사람 / คน ตลก [콘 딸록] = 재밌는 사람

👆 **어휘 더하기!**

• **ข้าว** 밥
  카-우

• **คุย** 대화하다
  쿠이

• **ยาย** 외할머니
  야-이

• **แต่งงาน** 결혼하다
  땡- 응안-

• **คน** 사람
  콘

• **ตลอดไป** 영원히
  딸럿-빠이

문장 읽기   성조에 맞게 큰소리로 읽어보세요!

- **อยาก กิน กับ ข้าว ครับ**

  약–   낀   깝   카–우   크랍

  밥이랑 같이 먹고 싶어요.

- **คุณ จะ แต่งงาน กับ ผม ได้ไหม ครับ**

  쿤   짜   땡–응안–   깝   폼   다–이마이   크랍

  당신은 나와 결혼해 줄 수 있어요?

- **เขา กำลัง คุย กับ ครู ใช่มั้ย ครับ**

  카오   깜랑   쿠이   깝   크루–   차이마이   크랍

  그녀는 선생님과 대화하는 중이죠?

- **คน ที่ ไป กับ ยาย ใคร ครับ**

  콘   티–   빠이   깝   야–이   크라이   크랍

  외할머니와 같이 가는 사람이 누구예요?

- **ฉัน อยาก อยู่ กับ คุณ ตลอดไป ค่ะ**

  찬   약–   유–   깝   쿤   딸럿–빠이   카

  저는 당신과 영원히 살고 싶어요.

아래 단어를 참고하여 직접 문장을 만들어 보세요!

↳ 가족과 관련된 어휘

- ตา 외할아버지
  따-

- ปู่ 친할아버지
  뿌-

- ย่า 친할머니
  야-

- ลูกชาย 아들
  룩-차-이

- ลูกสาว 딸
  룩-싸-우

- หลาน 조카
  란-

그녀는 외할아버지와 대화 중이죠?

เขา กำลัง คุย กับ ตา ใช่มั้ย ครับ

เขา กำลัง คุย กับ ตา ใช่มั้ย ครับ

친할아버지와 같이 가는 사람이 누구예요?

คน ที่ ไป กับ ปู่ ใคร ครับ

คน ที่ ไป กับ ปู่ ใคร ครับ

저는 친할머니와 평생 살고 싶어요.

ฉัน อยาก อยู่ กับ ย่า ตลอดไป ค่ะ

ฉัน อยาก อยู่ กับ ย่า ตลอดไป ค่ะ

아들은 그녀와 결혼할 거예요.

ลูกชาย จะ แต่งงาน กับ เขา ครับ

ลูกชาย จะ แต่งงาน กับ เขา ครับ

그녀는 딸과 함께 평생 살고 싶어 해요.

เขา อยาก อยู่ กับ ลูกสาว ตลอดไป ครับ

เขา อยาก อยู่ กับ ลูกสาว ตลอด ไป ครับ

직접 쓰고 큰 소리로 말해보세요!

그녀는 외할아버지와 대화 중이죠?　　　카오 깜랑 쿠이 깝 따 차이마이 크랍

친할아버지와 같이 가는 사람이 누구예요?　　　콘 티 빠이 깝 뿌 크라이 크랍

저는 친할머니와 평생 살고 싶어요.　　　찬 약 유 깝 야 딸럿빠이 카

아들은 그녀와 결혼할 거예요.　　　룩차이 짜 땡응안 깝 카오 크랍

그녀는 딸과 함께 평생 살고 싶어 해요.　　　카오 약 유 깝 룩싸우 딸럿빠이 크랍

30 สำหรับ 쌈랍

~위해서

 **포인트 콕!**

• สำหรับ[쌈랍]은 ~위한, ~에 있어서 의 뜻을 나타내는 전치사로 언급하려는 대상 앞에 위치하여 쓰인다.

[สำหรับ + A] = A를 위해서

패턴 꽉!

• 세 명을 위해서 테이블을 예약하고 싶어요.	อยาก จอง โต๊ะ สำหรับ สาม คน ครับ
• 아침 식사 준비를 위해서 감자가 필요해요.	ต้องการ มันฝรั่ง สำหรับ เตรียม อาหารเช้า ครับ
• 숙제를 하기 위해서 당신이 필요해요.	ต้องการ คุณ สำหรับ ทำ การบ้าน ครับ
• 과일 주스를 만들기 위해서 오렌지가 필요해요.	ต้องการ ส้ม สำหรับ ทำ น้ำผลไม้ ครับ
• 생일을 위해서 선물 준비할 수 있어요?	เตรียม ของขวัญ สำหรับ วันเกิด ได้ไหม ครับ

해설 +

ขอบคุณ สำหรับ อาหาร ครับ [컵-쿤 쌈랍 아-한- 크랍]

= 음식을 대접해 주셔서 감사합니다라는 표현을 일상대화에서 많이 사용한다.

어휘 더하기!

• จอง 예약하다 쩡-	• มันฝรั่ง 감자 만파랑	• อาหารเช้า 아침식사 아-한-차오
• ต้องการ 원하다, 필요하다 떵-깐-	• เตรียม 준비하다 뜨리-얌	• ของขวัญ 선물 컹-콴

- อยาก จอง โต๊ะ สำหรับ สาม คน ครับ

약- 쩡- 또 쌈랍 쌈- 콘 크랍

세 명을 위해서 테이블을 예약하고 싶어요.

- ต้องการ มันฝรั่ง สำหรับ เตรียม อาหารเช้า ครับ

떵-깐- 만파랑 쌈랍 뜨리-얌 아-한-차오 크랍

아침 식사 준비를 위해서 감자가 필요해요.

- ต้องการ คุณ สำหรับ ทำ การบ้าน ครับ

떵-깐- 쿤 쌈랍 탐 깐-반- 크랍

숙제를 하기 위해서 당신이 필요해요.

- ต้องการ ส้ม สำหรับ ทำ น้ำผลไม้ ครับ

떵-깐- 쏨 쌈랍 탐 남폰라마이 크랍

과일 주스를 만들기 위해서 오렌지가 필요해요.

- เตรียม ของขวัญ สำหรับ วันเกิด ได้ไหม ครับ

뜨리-얌 컹-콴 쌈랍 완끄ㅓㅅ- 다-이마이 크랍

생일을 위해서 선물 준비할 수 있어요?

아래 단어를 참고하여 직접 문장을 만들어 보세요!

↰ 야채와 관련된 어휘

- ผัก 야채
  팍

- หัวหอม 양파
  후-아험-

- กระเทียม 마늘
  끄라티-얌

- มะเขือเทศ 토마토
  마크-아텟-

- แครอท 당근
  캐-럿-

- เห็ด 버섯
  헷

아침 식사 준비를 위해서 야채가 필요해요.　　　ต้องการ ผัก สำหรับ เตรียม อาหารเช้า ครับ

ต้องการ ผัก สำหรับ เตรียม อาหารเช้า ครับ

음식 준비를 위해서 마늘이 필요해요.　　　ต้องการกระเทียมสำหรับเตรียมอาหารครับ

ต้องการ กระเทียม สำหรับ เตรียม อาหาร ครับ

과일 주스를 만들기 위해서 당근이 필요해요.　　ต้องการ แครอท สำหรับ ทำ น้ำผลไม้ ครับ

ต้องการ แครอท สำหรับ ทำ น้ำผลไม้ ครับ

과일 주스를 만들기 위해서 토마토가 필요해요.
　　　　　　　　　　　　ต้องการ มะเขือเทศ สำหรับ ทำ น้ำผลไม้ ครับ

ต้องการ มะเขือเทศ สำหรับ ทำ น้ำผลไม้ ครับ

아침 식사 준비를 위해서 버섯이 필요해요.　　ต้องการ เห็ด สำหรับ เตรียม อาหารเช้า ครับ

ต้องการ เห็ด สำหรับ เตรียม อาหารเช้า ครับ

아침 식사 준비를 위해서 야채가 필요해요.　　떵깐 팍 쌈랍 뜨리얌 아한차오 크랍

──────────────────────────────────

음식 준비를 위해서 마늘이 필요해요.　　떵깐 끄라티얌 쌈랍 뜨리얌 아한 크랍

──────────────────────────────────

과일 주스를 만들기 위해서 당근이 필요해요.　　떵깐 캐럿 쌈랍 탐 남폰라마이 크랍

──────────────────────────────────

과일 주스를 만들기 위해서 토마토가 필요해요.
　　　　　　　　　　　　　떵깐 마크아텟 쌈랍 탐 남폰라마이 크랍

──────────────────────────────────

아침 식사 준비를 위해서 버섯이 필요해요.　　떵깐 헷 쌈랍 뜨리얌 아한차오 크랍

──────────────────────────────────

31 ที่ 티-
~에서

🖐 **포인트 콕!**

• ที่[티-]는 ~ (장소)에서 를 뜻하는 전치사로 장소 앞에 위치하여 쓰인다.

…동사… [ที่ + A] = A~에서 …동사…

🖐 **패턴 꽉!**

• 회사에서 이미 예약했다.	จอง ที่ บริษัท แล้ว
• 내일 그녀는 학교에 올 것이다.	พรุ่งนี้ เขา มา ที่ โรงเรียน
• 축제에서 처음 그녀를 만났다.	พบ เขา ครั้งแรก ที่ เทศกาล
• 일본에서 일하고 싶다.	อยาก ทำงาน ที่ ญี่ปุ่น
• 초등학교에서 처음 영어를 배웠다.	เรียน ภาษาอังกฤษ ครั้งแรก ที่ โรงเรียนประถมศึกษา

🖐 **해설 +**

ที่[티-]의 또 다른 용법 중 하나로 <u>뒤에 동사</u>가 올 경우 "~곳" "~것" "~사람"을 나타낸다.

📢 ที่รัก [티-락] = 사랑하는 사람 = 여보, 자기

  ที่ทำงาน [티-탐응안-] = 작업하는 곳 = 작업실

🖐 **어휘 더하기!**

• บริษัท 회사	• ภาษาอังกฤษ 영어	• งเรียนประถมศึกษา
버-리쌋	파-싸-앙끄릿	롱-리-얀쁘라톰쓱싸-
		초등학교
• เทศกาล 축제	• ครั้งแรก 처음	
텟-싸깐-	크랑랙-	

문장 읽기

성조에 맞게 큰소리로 읽어보세요!

- จอง ที่ บริษัท แล้ว

  쩡- 티- 버-리쌋 래-우

  회사에서 이미 예약했다.

- พรุ่งนี้ เขา มา ที่ โรงเรียน

  프룽니- 카오 마- 티- 롱-리-얀

  내일 그녀는 학교에 올 것이다.

- พบ เขา ครั้งแรก ที่ เทศกาล

  폽 카오 크랑랙- 티- 텟-싸깐-

  축제에서 처음 그녀를 만났다.

- อยาก ทำงาน ที่ ญี่ปุ่น

  약- 탐응안- 티- 이-뿐

  일본에서 일하고 싶다.

- เรียน ภาษาอังกฤษ ครั้งแรก ที่ โรงเรียนประถมศึกษา

  리-얀 파-싸-앙끄릿 크랑랙- 티- 롱-리-얀쁘라톰쓱싸-

  초등학교에서 처음 영어를 배웠다.

아래 단어를 참고하여 직접 문장을 만들어 보세요!

↙ 학교와 관련된 어휘

- โรงเรียนมัธยมต้น 중학교
  롱–리–얀마타욤똔

- โรงเรียนมัธยมปลาย 고등학교
  롱–리–얀 마타욤쁠라–이

- มหาวิทยาลัย 대학교
  마하–위타야–라이

- โรงเรียนอนุบาล 유치원
  롱–리–얀아누반–

- หอพัก 기숙사
  허–팍

- โรงอาหาร 구내식당, 카페테리아
  롱–아–한–

중학교에서 처음 영어를 배웠다.　เรียน ภาษาอังกฤษ ครั้งแรก ที่ โรงเรียนมัธยมต้น

เรียน ภาษาอังกฤษ ครั้งแรก ที่ โรงเรียนมัธยมต้น

고등학교에서 처음 그녀를 만났다.　พบ เขา ครั้งแรก ที่ โรงเรียนมัธยมปลาย

พบ เขา ครั้งแรก ที่ โรงเรียนมัธยมปลาย

내일 그녀는 대학교에 올 것이다.　พรุ่งนี้ เขา มา ที่ มหาวิทยาลัย

พรุ่งนี้ เขา มา ที่ มหาวิทยาลัย

내일 그녀는 기숙사에 올 것이다.　พรุ่งนี้ เขา มา ที่ หอพัก

พรุ่งนี้ เขา มา ที่ หอพัก

카페테리아에서 일하고 싶다.　อยาก ทำงาน ที่ โรงอาหาร

อยาก ทำงาน ที่ โรงอาหาร

직접 쓰고 큰 소리로 말해보세요!

중학교에서 처음 영어를 배웠다.　　리얀 파싸앙끄릿 크랑랙 티 롱리얀마타욤똔

- -

고등학교에서 처음 그녀를 만났다.　폽 카오 크랑랙 티 롱리얀마타욤쁠라이

- -

내일 그녀는 대학교에 올 것이다.　　프룽니 카오 마 티 마하위타야라이

- -

내일 그녀는 기숙사에 올 것이다.　　프룽니 카오 마 티 허팍

- -

카페테리아에서 일하고 싶다.　　　　약 탐응안 티 롱아한

- -

ของ ค็อง-

~의

포인트 콕!

• ของ[ค็อง-]은 ~의 뜻인 전치사로 소유격을 나타낼 때 쓰인다. [ของ A = A의]

패턴 꽉!

• 이 시계는 아버지의 선물이에요.	นาฬิกา นี้ เป็น ของขวัญ ของ คุณพ่อ ค่ะ
• 어제 그의 우산이 고장 났어요.	เมื่อวาน ร่ม ของ เขา เสีย ค่ะ
• 1월은 가족의 특별한 달이에요.	เดือน มกราคม เป็น เดือน พิเศษ ของ ครอบครัว ค่ะ
• 1월은 나의 남편 생일이 있어요.	เดือน มกราคม มี วันเกิด สามี ของ ฉัน ค่ะ
• 저의 친구는 병원에서 일해요.	เพื่อน ของ ฉัน ทำงาน ที่ โรงพยาบาล ค่ะ

해설 +

또한 물건, 물품, (누구의) ~ 것으로도 해석할 수 있다.

㉠ ของ เล่น [ค็อง- เล่น-] = 장난감

นี่ เป็น ของ เขา[นี่- เป็น ค็อง คาโอ] = 이것은 그의 것이다

어휘 더하기!

• นาฬิกา 시계 나-리까-	• เสีย 고장나다 씨-야	• ครอบครัว 가족 크럽-크루-아
• ร่ม 우산 롬	• เดือน มกราคม 1월 드-안 마까라-콤	• พิเศษ 특별한 피쎗-

성조에 맞게 큰소리로 읽어보세요!

- นาฬิกา นี้ เป็น ของขวัญ ของ คุณพ่อ ค่ะ

  나-리까- 니- 뻰 컹-콴 컹- 쿤퍼- 카

  이 시계는 아버지의 선물이에요.

- เมื่อวาน ร่ม ของ เขา เสีย ค่ะ

  므-아완- 롬 컹- 카오 씨-야 카

  어제 그의 우산이 고장 났어요.

- เดือน มกราคม เป็น เดือน พิเศษ ของ ครอบครัว ค่ะ

  드-안 마까라-콤 뻰 드-안 피쎗- 컹- 크럽-크루-아 카

  1월은 가족의 특별한 달이에요.

- เดือน มกราคม มี วันเกิด สามี ของ ฉัน ค่ะ

  드-안 마까라-콤 미- 완끄ㅓ스- 싸-미- 컹- 찬 카

  1월은 나의 남편 생일이 있어요.

- เพื่อน ของ ฉัน ทำงาน ที่ โรงพยาบาล ค่ะ

  프-안 컹- 찬 탐응안- 티- 롱-파야-반- 카

  저의 친구는 병원에서 일해요.

아래 단어를 참고하여 직접 문장을 만들어 보세요!

↙ 월과 관련된 어휘

- เดือน กุมภาพันธ์ 2월
  드-안 꿈파-판
- เดือน มีนาคม 3월
  드-안 미-나-콤
- เดือน เมษายน 4월
  드-안 메-싸-욘

- เดือน พฤษภาคม 5월
  드-안 프릇싸파-콤
- เดือน มิถุนายน 6월
  드-안 미투나-욘
- เดือน กรกฎาคม 7월
  드-안 까라까다-콤

2월은 가족의 특별한 달이에요.　เดือน กุมภาพันธ์ เป็น เดือน พิเศษ ของ ครอบครัว ค่ะ

เดือน กุมภาพันธ์ เป็น เดือน พิเศษ ของ ครอบครัว ค่ะ

3월은 가족의 특별한 달이에요.　เดือน มีนาคม เป็น เดือน พิเศษ ของ ครอบครัว ค่ะ

เดือน มีนาคม เป็น เดือน พิเศษ ของ ครอบครัว ค่ะ

4월은 나의 남편 생일이 있어요.　เดือน เมษายน มี วันเกิด สามี ของ ฉัน ค่ะ

เดือน เมษายน มี วันเกิด สามี ของ ฉัน ค่ะ

5월은 나의 친구 생일이 있어요.　เดือน พฤษภาคม มี วันเกิด เพื่อน ของ ฉัน ค่ะ

เดือน พฤษภาคม มี วันเกิด เพื่อน ของ ฉัน ค่ะ

6월은 나의 특별한 달이에요.　เดือน มิถุนายน เป็น เดือน พิเศษ ของ ฉัน ค่ะ

เดือน มิถุนายน เป็น เดือน พิเศษ ของ ฉัน ค่ะ

직접 쓰고 큰 소리로 말해보세요!

2월은 가족의 특별한 달이에요.　　　드안 꿈파판 뺀 드안 피쎗 컹 크럽크루아 카

3월은 가족의 특별한 달이에요.　　　드안 미나콤 뺀 드안 피쎗 컹 크럽크루아 카

4월은 나의 남편 생일이 있어요.　　　드안 메싸욘 미 완끄ㅓㅅ 싸미 컹 찬 카

5월은 나의 친구 생일이 있어요.　　　드안 프릇싸파콤 미 완끄ㅓㅅ 프안 컹 찬 카

6월은 나의 특별한 달이에요.　　　드안 미투나욘 뺀 드안 피쎗 컹 찬 카

33 ตั้งแต่...ถึง... 땅때-...틍...

(시간)~부터 ~까지

포인트 콕!

• ตั้งแต่[땅때]... ถึง[틍]... 은 <u>시간</u>의 시작점과 종료점을 나타내는 전치사에 해당한다.

[ตั้งแต่[땅때] + 시작점 + ถึง[틍] + 종료점] ~에서 ~까지

패턴 꽉!

• 몇 시부터 몇 시까지?	ตั้งแต่ กี่โมง ถึง กี่โมง
• 언제부터 무에타이를 시작했어요?	เริ่ม มวยไทย ตั้งแต่ เมื่อไหร่ คะ
• 이 음료는 월요일부터 금요일까지 주문 할 수 있어요.	เครื่องดื่ม นี้ ตั้งแต่ วันจันทร์ ถึง วันศุกร์ สั่ง ได้ ค่ะ
• 수상 시장은 어제부터 닫았어요.	ตลาดน้ำ ปิด ตั้งแต่ เมื่อวาน ค่ะ
• 우리는 8월부터 지금까지 서로 말을 하지 않는다.	เรา ไม่ คุย กัน ตั้งแต่ เดือน สิงหาคม ถึง ตอนนี้

해설 +

จาก[짝-] ... ถึง[틍]... 은 장소의 시작점과 종료점을 나타낸다.

예 จาก บ้าน ถึง โรงเรียน [짝- 반- 틍 롱-리-얀] = 집에서 학교까지

어휘 더하기!

• เครื่องดื่ม 음료
크르-앙듬-

• สั่ง 주문하다
쌍

• ตลาดน้ำ 수상 시장
딸랏-남-

• ปิด 닫다
삣

• เดือน สิงหาคม 8월
드-안 씽하-콤

성조에 맞게 큰소리로 읽어보세요!

- ตั้งแต่ กี่โมง ถึง กี่โมง
  땅때–   끼–몽–   통   끼–몽–

  몇 시부터 몇 시까지?

- เริ่ม มวยไทย ตั้งแต่ เมื่อไหร่ คะ
  르ㅓㅁ–   무–아이타이   땅때–   므–아라이   카

  언제부터 무에타이를 시작했어요?

- เครื่องดื่ม นี้ ตั้งแต่ วันจันทร์ ถึง วันศุกร์ สั่ง ได้ ค่ะ
  크르–앙듬–   니–   땅때–   완짠   통   완쑥   쌍 다–이 카

  이 음료는 월요일부터 금요일까지 주문 할 수 있어요.

- ตลาดน้ำ ปิด ตั้งแต่ เมื่อวาน ค่ะ
  딸랏–남–   삣   땅때–   므–아완–   카

  수상 시장은 어제부터 닫았어요.

- เรา ไม่ คุย กัน ตั้งแต่ เดือน สิงหาคม ถึง ตอนนี้
  라오   마이   쿠이   깐   땅때–   드–안   씽하–콤   통   떤–니–

  우리는 8월부터 지금까지 서로 말을 하지 않는다.

아래 단어를 참고하여 직접 문장을 만들어 보세요!

월과 관련된 어휘

- เดือน กันยายน 9월
  드-안 깐야-욘
- เดือน ตุลาคม 10월
  드-안 뚜라-콤
- เดือน พฤศจิกายน 11월
  드-안 프릇싸찌까-욘

- เดือน ธันวาคม 12월
  드-안 탄와-콤
- เดือน ก่อน 지난 달
  드-안 껀-
- เดือน หน้า 다음 달
  드-안 나-

9월부터 무에타이를 시작했어요.　　เริ่ม มวยไทย ตั้งแต่ เดือน กันยายน ค่ะ

เริ่ม มวยไทย ตั้งแต่ เดือน กันยายน ค่ะ

수상 시장은 10월부터 닫았어요.　　ตลาดน้ำ ปิด ตั้งแต่ เดือน ตุลาคม ค่ะ

ตลาดน้ำ ปิด ตั้งแต่ เดือน ตุลาคม ค่ะ

우리는 11월부터 지금까지 서로 말을 하지 않아요.
เรา ไม่ คุย กัน ตั้งแต่ เดือน พฤศจิกายน ถึง ตอนนี้ ค่ะ

เรา ไม่ คุย กัน ตั้งแต่ เดือน พฤศจิกายน ถึง ตอนนี้ ค่ะ

지난달부터 무에타이를 시작했어요.　　เริ่ม มวยไทย ตั้งแต่ เดือน ก่อน ค่ะ

เริ่ม มวยไทย ตั้งแต่ เดือน ก่อน ค่ะ

수상시장은 다음 달부터 닫아요.　　ตลาดน้ำ ปิด ตั้งแต่ เดือน หน้า ค่ะ

ตลาดน้ำ ปิด ตั้งแต่ เดือน หน้า ค่ะ

직접 쓰고 큰 소리로 말해보세요!

9월부터 무에타이를 시작했어요.   르ㅓㅁ 무아이타이 땅때 드안 깐야욘 카

· ·

수상 시장은 10월부터 닫았어요.   딸랏남 뻿 땅때 드안 뚜라콤 카

· ·

우리는 11월부터 지금까지 서로 말을 하지 않아요.

                         라오 마이 쿠이 깐 땅때 드안 프룻싸찌까욘 퉁 떤니 카

· ·

지난달부터 무에타이를 시작했어요.   르ㅓㅁ 무아이타이 땅때 드안 껀 카

· ·

수상 시장은 다음 달부터 닫아요.   딸랏남 뻿 땅때 드안 나 카

· ·

07장

8개의 시간부사 패턴!

34 보통   ปกติ

35 때때로   บางครั้ง

36 항상   เสมอ

37 ~한 적이 없다   ไม่เคย

38 아직   ยัง

39 마침내   ในที่สุด...ก็...

40 ~전에   ก่อน

41 ~후에   หลัง

또 다른 축제 로이끄라통!

생생문화 07 로이끄라통 (Loi Krathong)

촛불을 밝힌 연꽃 모양의 작은 배를 강물 위로 띄워 보낸 사람들이 바람에 흔들리는 촛불을 바라보며 마음속으로 소원을 빈다. 바로 이날이 태국에서 밤이 제일 아름다운 날 "로이끄라통"이다. 송끄란과 더불어 큰 축제로. 로이끄라통이란 "로이" 띄워 보내는 것 "끄라통" 떠 있는 배를 의미한다.

강과 호수 바다로 가득한 태국은 오래전부터 물의 신에게 제사를 지내는 풍습이 있었다. 11월 보름달이 뜨는 날 그들은 한 해를 마무리하며 그동안 자신의 용서를 구하기 위해 등불을 띄워 물의 신이 있는 곳으로 띄워 보냈는데 이것이 태국 전역에서 열리는 로이끄라통에 유래가 되었다.

축제 중 가장 아름다운 불빛향연을 볼 수 있는 태국 북부 치앙마이에서는 로이끄라통과 더불어 이팽 축제가 열린다. 이날은 물 위에 띄우는 등불과 함께 하늘로도 등불을 날리는데 달이 찾아온 깜깜한 밤 수천 개가 넘는 등불이 가득 메워진 하늘은 정말 진한 감동을 남긴다. 꼭 그 감동을 느껴보길 바란다.

태국의 또 다른 축제

34

ปกติ   빠까띠
보통

• ปกติ[빠까띠]는 문장 앞에 위치하여 **보통**, **평상시**를 뜻하는 부사에 해당한다.

👆 **패턴 콱!**

• 보통 나는 아침 일찍 일어난다.	**ปกติ ฉัน ตื่นนอน ตอน เช้าๆ**
• 보통 교수님은 늦게 오시지 않는다.	**ปกติ อาจารย์ ไม่ มา สาย**
• 보통 엄마는 아침 일찍 운동하는 것을 좋아한다.	**ปกติ แม่ ชอบ ออกกำลังกาย ตอน เช้าๆ**
• 보통 역 근처는 시끄럽다.	**ปกติ แถว สถานี เสียงดัง**
• 보통 나의 여동생은 안경을 쓴다.	**ปกติ น้องสาว ของ ฉัน ใส่ แว่นตา**

👆 **해설 +**

❶ ปกติ[빠까띠]는 발음을 [뽀까띠]로도 둘 다 발음할 수 있다.

❷ ตอน[떤-]은 시간 앞에 위치하여 그 당시, 그 시기를 나타낸다.

✌️ **어휘 더하기!**

• ตอน (시간의) 때, 나절 떤-	• สาย 늦다 싸-이	• เสียงดัง 시끄럽다 씨-양당
• เช้าๆ 아침일찍 차오차오	• ออกกำลังกาย 운동 억-깜랑까-이	• แว่นตา 안경 왠-따-

184 •

- ปกติ ฉัน ตื่นนอน ตอน เช้าๆ

  빠까띠   찬   뜬-넌-   떤-   차오차오

  보통 나는 아침 일찍 일어난다.

- ปกติ อาจารย์ ไม่ มา สาย

  빠까띠   아-짠-   마이   마-   싸-이

  보통 교수님은 늦게 오시지 않는다.

- ปกติ แม่ ชอบ ออกกำลังกาย ตอน เช้าๆ

  빠까띠   매-   첩-   억-깜랑까-이   떤-   차오차오

  보통 엄마는 아침 일찍 운동하는 것을 좋아한다.

- ปกติ แถว สถานี เสียงดัง

  빠까띠   태-우   싸타-니-   씨-양당

  보통 역 근처는 시끄럽다.

- ปกติ น้องสาว ของ ฉัน ใส่ แว่นตา

  빠까띠   넝-싸-우   컹-   찬   싸이   왠-따-

  보통 나의 여동생은 안경을 쓴다.

아래 단어를 참고하여 직접 문장을 만들어 보세요!

시간대와 관련된 어휘

- เช้า 아침
  차오

- เที่ยง 정오
  티^양

- เย็น 저녁
  옌

- เที่ยงคืน 자정
  티^양큰-

- กลางวัน 낮
  끌랑-완

- กลางคืน 야간, 밤
  끌랑-큰-

보통 엄마는 아침에 운동하는 것을 좋아한다. ปกติ แม่ ชอบ ออกกำลังกาย ตอน เช้า

ปกติ แม่ ชอบ ออกกำลังกาย ตอน เช้า

보통 나는 저녁에 일어난다. ปกติ ฉัน ตื่นนอน ตอน เย็น

ปกติ ฉัน ตื่นนอน ตอน เย็น

보통 나의 여동생은 낮에 안경을 쓴다.
ปกติ น้องสาว ของ ฉัน ใส่ แว่นตา ตอน กลางวัน

ปกติ น้องสาว ของ ฉัน ใส่ แว่นตา ตอน กลางวัน

보통 나는 자정에 일어난다. ปกติ ฉัน ตื่นนอน ตอน เที่ยงคืน

ปกติ ฉัน ตื่นนอน ตอน เที่ยงคืน

보통 역 근처는 밤에 시끄럽다. ปกติ แถว สถานี เสียงดัง ตอน กลางคืน

ปกติ แถว สถานี เสียงดัง ตอน กลางคืน

직접 쓰고 큰 소리로 말해보세요!

보통 엄마는 아침에 운동하는 것을 좋아한다.   빠까띠 매 첩 억깜랑까이 떤 차오

보통 나는 저녁에 일어난다.   빠까티 찬 뜬넌 떤 옌

보통 나의 여동생은 낮에 안경을 쓴다.   빠까띠 넝싸우 컹 찬 싸이 왠따 떤 끌랑완

보통 나는 자정에 일어난다.   빠까띠 찬 뜬넌 떤 티양큰

보통 역 근처는 밤에 시끄럽다.   빠까띠 태우 싸타니 씨양당 떤 끌랑큰

35 บางครั้ง 방-크랑

때때로

• บางครั้ง[방-크랑]은 문장 앞에 위치하여 **때때로, 가끔**을 뜻하는 부사에 해당한다.

패턴 꽉!

- 가끔씩 핸드폰 번호를 잊어버린다.
- 가끔씩 그녀는 요가를 가르치러 온다.
- 가끔씩 나는 아이들을 학교에 데려다준다.
- 가끔씩 우리는 바다 근처에서 저녁을 먹는다.
- 가끔씩 나는 그가 거짓말을 한다고 느낀다.

บางครั้ง ลืม เบอร์ โทรศัพท์มือถือ

บางครั้ง เขา มา สอน โยคะ

บางครั้ง ฉัน ไป ส่ง เด็กๆ ที่ โรงเรียน

บางครั้ง เรา กิน อาหารเย็น ที่ ใกล้ ทะเล

บางครั้ง ฉัน รู้สึก ว่า เขา โกหก

해설 +

ส่ง[쏭]은 '보내다'라는 뜻으로 ไป[빠이]와 결합하여 '데려다주다'의 의미가 된다

⑩ ส่ง จดหมาย [쏭 쫏막이] = 편지를 보내다

ไป ส่ง เขา ที่ บ้าน [빠이 쏭 카오 티- 반-] = 그녀를 집에 데려다 주다.

어휘 더하기!

- เบอร์ 번호
  브ㅓ-

- โยคะ 요가
  요-카

- ไป ส่ง 데려다 주다, 태우고 가다
  빠이 쏭

- ทะเล 바다
  탈레-

- โกหก 거짓말을 하다
  꼬-혹

- จดหมาย 편지
  쫏막이

188 •

성조에 맞게 큰소리로 읽어보세요!

- บางครั้ง ลืม เบอร์ โทรศัพท์มือถือ

  방-크랑 름- 브ㅓ- 토-라쌉ㅁ-트-

  가끔씩 핸드폰 번호를 잊어버린다.

- บางครั้ง เขา มา สอน โยคะ

  방-크랑 카오 마- 썬- 요-카

  가끔씩 그녀는 요가를 가르치러 온다.

- บางครั้ง ฉัน ไป ส่ง เด็กๆ ที่ โรงเรียน

  방-크랑 찬 빠이 쏭 덱덱 티- 롱-리-얀

  가끔씩 나는 아이들을 학교에 데려다준다.

- บางครั้ง เรา กิน อาหารเย็น ที่ ใกล้ ทะเล

  방-크랑 라오 낀 아-한-옌 티- 끌라이 탈레-

  가끔씩 우리는 바다 근처에서 저녁을 먹는다.

- บางครั้ง ฉัน รู้สึก ว่า เขา โกหก

  방-크랑 찬 루-쓱 와- 카오 꼬-혹

  가끔씩 나는 그가 거짓말을 한다고 느낀다.

복습 톡톡 아래 단어를 참고하여 직접 문장을 만들어 보세요!

자연과 관련된 어휘

- ภูเขา 산
  푸-카오

- แม่น้ำ 강
  매-남-

- น้ำตก 폭포
  남똑

- ทะเลสาบ 호수
  탈레-쌉-

- ชายหาด 해변가
  차-이핫-

- ป่า 숲
  빠-

가끔씩 나는 아이들을 산에 데려다준다. บางครั้ง ฉัน ไป ส่ง เด็กๆ ที่ ภูเขา

บางครั้ง ฉัน ไป ส่ง เด็กๆ ที่ ภูเขา

가끔씩 우리는 강 근처에서 저녁을 먹는다. บางครั้ง เรา กิน อาหารเย็น ที่ ใกล้ แม่น้ำ

บางครั้ง เรา กิน อาหารเย็น ที่ ใกล้ แม่น้ำ

가끔씩 그녀는 요가를 가르치러 호수에 온다. บางครั้ง เขา มา สอน โยคะ ที่ ทะเลสาบ

บางครั้ง เขา มา สอน โยคะ ที่ ทะเลสาบ

가끔씩 나는 그녀를 해변가에 데려다준다. บางครั้ง ฉัน ไป ส่ง เขา ที่ ชายหาด

บางครั้ง ฉัน ไป ส่ง เขา ที่ ชายหาด

가끔씩 우리는 숲 근처에서 저녁을 먹는다. บางครั้ง เรา กิน อาหารเย็น ที่ ใกล้ ป่า

บางครั้ง เรา กิน อาหารเย็น ที่ ใกล้ ป่า

가끔씩 나는 아이들을 산에 데려다준다.　　방크랑 찬 빠이 쏭 덱덱 티 푸카오

가끔씩 우리는 강 근처에서 저녁을 먹는다.　　방크랑 라오 낀 아한옌 티 끌라이 매남

가끔씩 그녀는 요가를 가르치러 호수에 온다.　　방크랑 카오 마 썬 요카 티 탈레쌉

가끔씩 나는 그녀를 해변가에 데려다준다.　　방크랑 찬 빠이 쏭 카오 티 차이핫

가끔씩 우리는 숲 근처에서 저녁을 먹는다.　　방크랑 라오 낀 아한옌 티 끌라이 빠

36 เสมอ 싸므ㅓ̌
항상

MP3 / VOD

 포인트 콕!

• เสมอ[싸므ㅓ̌-]는 보통 문장 끝에 위치하여 **항상, 줄곧** 등의 의미를 뜻하는 부사에 해당한다.

패턴 꽉!

• 남동생이 말하기를 그의 다리가 항상 아프다고 한다.	น้องชาย บอก ว่า ขา ของ เขา เจ็บ เสมอ
• 영화관에서 항상 자리를 예약한다.	จอง ที่นั่ง ที่ โรงหนัง เสมอ
• 항상 모기가 다리만 문다.	ยุง กัด ขา เท่านั้น เสมอ
• 나와 같이 공부하는 여자는 항상 웃는다.	ผู้หญิง ที่ เรียน กับ ผม หัวเราะ เสมอ
• 왜 항상 회사에 늦게 와?	ทำไม มา บริษัท สาย เสมอ

해설 ✚

비슷한 의미로 **ตลอด**[딸럿-]은 시간 앞에 쓰여 ~내내, ~동안, ~쭉의 의미를 나타낸다.

📝 ตลอดวัน [딸럿-완] = 하루 종일 / ตลอดคืน [딸럿-큰-] = 밤새 내내

✌️ 어휘 더하기!

• ขา 다리 카-	• ที่นั่ง 좌석 티-낭̂	• กัด 물다 깟̀
• เจ็บ 아프다 쩹	• ยุง 모기 융	• เท่านั้น 오직 타오난̂

192 •

문장 읽기   성조에 맞게 큰소리로 읽어보세요!

- น้องชาย บอก ว่า ขา ของ เขา เจ็บ เสมอ

  넝–차–이   벅–   와–   카–   컹–   카오   쩹   싸므ㅓ–

  남동생이 말하기를 그의 다리가 항상 아프다고 한다.

- จอง ที่นั่ง ที่ โรงหนัง เสมอ

  쩡–   티–낭   티–   롱–낭   싸므ㅓ–

  영화관에서 항상 자리를 예약한다.

- ยุง กัด ขา เท่านั้น เสมอ

  융   깟   카–   타오난   싸므ㅓ–

  항상 모기가 다리만 문다.

- ผู้หญิง ที่ เรียน กับ ผม หัวเราะ เสมอ

  푸–잉   티–   리–얀   깝   폼   후–아러   싸므ㅓ–

  나와 같이 공부하는 여자는 항상 웃는다.

- ทำไม มา บริษัท สาย เสมอ

  탐마이   마–   버–리쌋   싸–이   싸므ㅓ–

  왜 항상 회사에 늦게 와?

복습 톡톡　　아래 단어를 참고하여 직접 문장을 만들어 보세요!

↘ 신체와 관련된 어휘

- แขน 팔
  캔-
- มือ 손
  므-
- เท้า 발
  타오

- นิ้ว 손가락
  니우
- นิ้วเท้า 발가락
  니우타오
- หัวเข่า 무릎
  후-아카오

아침에 항상 모기가 팔만 문다.　　　　ยุง กัด แขน เท่านั้น เสมอ

ยุง กัด แขน เท่านั้น เสมอ

왜 항상 모기가 손만 물지?　　　　ทำไม ยุง กัด มือ เท่านั้น เสมอ

ทำไม ยุง กัด มือ เท่านั้น เสมอ

남동생이 말하기를 항상 그의 발이 아프다고 한다.
　　　　น้องชาย บอก ว่า เท้า ของ เขา เจ็บ เสมอ

น้องชาย บอก ว่า เท้า ของ เขา เจ็บ เสมอ

항상 손가락이 아프다.　　　　นิ้ว เจ็บ เสมอ

นิ้ว เจ็บ เสมอ

그가 말하기를 항상 무릎이 아프다고 한다.　　เขา บอก ว่า หัวเข่า เจ็บ เสมอ

เขา บอก ว่า หัวเข่า เจ็บ เสมอ

194 •

항상 모기가 팔만 문다.   융 깟 캔 타오난 싸므ㅓ

왜 항상 모기가 손만 물지?   탐마이 융 깟 므 타오난 싸므ㅓ

남동생이 말하기를 항상 그의 발이 아프다고 한다.
                              넝차이 벅와 타오 컹 카오 쩹 싸므ㅓ

항상 손가락이 아프다.   니우 쩹 싸므ㅓ

그가 말하기를 항상 무릎이 아프다고 한다.   카오 벅 와 후아카오 쩹 싸므ㅓ

37 ไม่เคย 마이크ㅓ-이
~한 적이 없다

MP3 / VOD

☞ **포인트 콕!**

• ไม่เคย[마이크ㅓ-이]는 동사 앞에 위치하여 **절대, ~한 적이 없다**를 의미한다.

✋ **패턴 콱!**

• 거짓말해본 적 없다.	ไม่เคย โกหก
• 아버지는 한 번도 돈을 준 적이 없다.	คุณพ่อ ไม่เคย ให้ เงิน
• 선생님은 한 번도 그의 고향을 떠나본 적이 없다.	ครู ไม่เคย ออกจาก บ้านเกิด ของ เขา
• 그녀는 한 번도 사랑해라고 말한 적이 없다.	เขา ไม่เคย บอก ว่า ฉัน รัก คุณ
• 한 번도 새로운 취미를 시도해 본 적이 없다.	ไม่เคย ลอง งานอดิเรก ใหม่

☞ **해설 +**

ให้[하이]는 태국어에서 많은 용법을 지닌 대표 단어 중 하나이다.

❶ '~을 주다' : เขา ให้ ส้ม ฉัน [카오 하이 쏨 찬] 그녀가 나에게 오렌지를 준다

❷ '(동사)를 하게 하다 / 허락하다' : คุณพ่อ ให้ ฉัน เล่น [쿤 퍼- 하이 찬 렌-]
아버지는 내가 노는 것을 허락하다.

✋ **어휘 더하기!**

• ให้ 주다, 허락하다 하이	• ออกจาก 떠나다 억-짝-	• ลอง 시도하다 렁-
• เงิน 돈 응언-	• บ้านเกิด 고향 반-끄ㅓ-ㅅ-	• งานอดิเรก 취미 응안-아디렉-

성조에 맞게 큰소리로 읽어보세요!

- ไม่เคย โกหก

  마이크ㅓ-이   꼬-혹

  거짓말해본 적 없다.

- คุณพ่อ ไม่เคย ให้ เงิน

  쿤퍼-   마이크ㅓ-이   하이   응언-

  아버지는 한 번도 돈을 준 적이 없다.

- ครู ไม่เคย ออกจาก บ้านเกิด ของ เขา

  크루-   마이크ㅓ-이   억-짝-   반-끄ㅓ人-   컹-   카오

  선생님은 한 번도 그의 고향을 떠나본 적이 없다.

- เขา ไม่เคย บอก ว่า ฉัน รัก คุณ

  카오   마이크ㅓ-이   벅-   와-   찬   락   쿤

  그녀는 한 번도 사랑해라고 말한 적이 없다.

- ไม่เคย ลอง งานอดิเรก ใหม่

  마이크ㅓ-이   렁-   응안-아디렉-   마이

  한 번도 새로운 취미를 시도해 본 적이 없다.

아래 단어를 참고하여 직접 문장을 만들어 보세요!

취미와 관련된 어휘

- วาด ภาพ 그림을 그리다
  왓-팝-
- ถ่าย รูป 사진을 찍다
  타-이 룹-
- เต้น 춤을 추다
  뗀-
- เล่น กีฬา 스포츠를 하다
  렌- 끼-라-
- ร้อง เพลง 노래를 부르다
  렁- 플렝-
- ฟัง ดนตรี 음악을 듣다
  팡 돈뜨리-

그림을 그려 본 적 없다.　　　　　ไม่เคย วาด ภาพ

ไม่เคย วาด ภาพ

아버지는 춤을 춘 적이 없다.　　　คุณพ่อ ไม่เคย เต้น

คุณพ่อ ไม่เคย เต้น

선생님은 노래를 부른 적이 없다.　　ครู ไม่เคย ร้อง เพลง

ครู ไม่เคย ร้อง เพลง

사진 찍는 것을 시도해 본 적이 없다.　　ไม่เคย ลอง ถ่าย รูป

ไม่เคย ลอง ถ่าย รูป

새로운 스포츠 하는 것을 시도해 본 적이 없다.　ไม่เคย ลอง เล่น กีฬา ใหม่

ไม่เคย ลอง เล่น กีฬา ใหม่

직접 쓰고 큰 소리로 말해보세요!

그림을 그려 본 적 없다.   마이크ㅓ이 왓 팝

아버지는 춤을 춘 적이 없다.   쿤퍼 마이크ㅓ이 뗀

선생님은 노래를 부른 적이 없다.   크루 마이크ㅓ이 렁 플렝

사진 찍는 것을 시도해 본 적이 없다.   마이크ㅓ이 렁 타이 룹

새로운 스포츠 하는 것을 시도해 본 적이 없다. 마이크ㅓ이 렁 렌 끼라 마이

38 ยัง 양
아직

• ยัง[양]은 동사 앞에 위치하여 **여전히, 아직**을 뜻하는 부사에 해당한다.

• 아기는 아직 방에서 자고 있다.	เด็กอ่อน ยัง นอนหลับ ใน ห้อง
• 아직 청소를 하지 않았다.	ยัง ไม่ ทำความสะอาด
• 아침 식사를 위한 재료들을 아직 준비하지 않았다.	ยัง ไม่ เตรียม ส่วนผสม สำหรับ อาหารเช้า
• 아직도 피부가 가려운 것 같다.	ยัง รู้สึก คัน ผิว
• 아침부터 여전히 복통이 있다.	ยัง ปวด ท้อง ตั้งแต่ เช้า

문장 끝에 **หรือยัง[르-양]**이 위치하면 **~ 했어? 안 했어?**라는 의미로 구어체에서 많이 사용한다.

⟡ กิน หรือยัง [낀 르-양] = 밥 먹었어? 안 먹었어?

พักผ่อน หรือยัง [팍 펀- 르-양] = 쉬었어? 안 쉬었어?

•เด็กอ่อน 아기, 신생아 덱언-	•คัน 가렵다 칸	•ปวด 아프다, 통증 뿌-앗
•ส่วนผสม 재료 쑤-안파쏨	•ผิว 피부 피우	•ท้อง 배 텅-

문장 읽기 성조에 맞게 큰소리로 읽어보세요!

- **เด็กอ่อน ยัง นอนหลับ ใน ห้อง**

  덱언-   양   넌-랍   나이   헝-

  아기는 아직 방에서 자고 있다.

- **ยัง ไม่ ทำความสะอาด**

  양   마이   탐쾀-싸앗-

  아직 청소를 하지 않았다.

- **ยัง ไม่ เตรียม ส่วนผสม สำหรับ อาหารเช้า**

  양   마이   뜨리-얌   쑤-안파쏨   쌈랍   아-한-차오

  아침 식사를 위한 재료들을 아직 준비하지 않았다.

- **ยัง รู้สึก คัน ผิว**

  양   루-쓱   칸   피우

  아직도 피부가 가려운 것 같다.

- **ยัง ปวด ท้อง ตั้งแต่ เช้า**

  양   뿌-앗   텅-   땅때-   차오

  아침부터 여전히 복통이 있다.

아래 단어를 참고하여 직접 문장을 만들어 보세요!

↙ 얼굴과 관련된 어휘

- ตา 눈
  따-
- จมูก 코
  짜묵-
- ปาก 입
  빡-

- คอ 목
  커-
- หู 귀
  후-
- หัว 머리
  후-아

아직도 눈이 가려운 것 같다.   ยัง รู้สึก คัน ตา

ยัง รู้สึก คัน ตา

아직도 코가 가려운 것 같다.   ยัง รู้สึก คัน จมูก

ยัง รู้สึก คัน จมูก

아침부터 여전히 목이 아프다.   ยัง ปวด คอ ตั้งแต่ เช้า

ยัง ปวด คอ ตั้งแต่ เช้า

아직도 귀가 가려운 것 같다.   ยัง รู้สึก คัน หู

ยัง รู้สึก คัน หู

아침부터 여전히 두통이 있다.   ยัง ปวด หัว ตั้งแต่ เช้า

ยัง ปวด หัว ตั้งแต่ เช้า

직접 쓰고 큰 소리로 말해보세요!

아직도 눈이 가려운 것 같다.　　　　양 루쓱 칸 따

· ·

아직도 코가 가려운 것 같다.　　　　양 루쓱 칸 짜묵

· ·

아침부터 여전히 목이 아프다.　　　　양 뿌앗 커 땅때 차오

· ·

아직도 귀가 가려운 것 같다.　　　　양 루쓱 칸 후

· ·

아침부터 여전히 두통이 있다.　　　　양 뿌앗 후아 땅때 차오

· ·

39 ในที่สุด...ก็... 나이티-쑷...꺼-...
마침내

👉 **포인트 콕!**

• ในที่สุด[나이티-쑷]은 문장 앞에 위치하여 **마침내, 드디어**를 뜻하는 부사에 해당한다.

✋ **패턴 꽉!**

• 마침내 화장실을 고쳤다.	ในที่สุดก็ ซ่อม ห้องน้ำ
• 마침내 머리를 감을 수 있다.	ในที่สุดก็ สระ ผม ได้
• 마침내 교수님이 우리에게 마지막 기회를 주었다.	ในที่สุด อาจารย์ก็ ให้ โอกาส สุดท้าย เรา
• 드디어 오늘 우리는 화장실 청소를 할 것이다.	ในที่สุด วันนี้ เรา ก็ จะ ทำความสะอาด ห้องน้ำ
• 마침내 집이 깨끗하다.	ในที่สุด บ้าน ก็ สะอาด

👉 **해설 ✚**

ก็[꺼-]는 연결하는 단어이며, 주어 뒤에 위치하고 이어 할 행동이나 결과가 나타난다.
주어가 없는 경우 **ในที่สุดก็**라기도 한다. 문장의 구조는 다음과 같다.

[ในที่สุด + (주어) + ก็ + 결과]

같은 뜻의 **สุดท้าย[쑷타-이]**는 **마침내, 드디어** 부사 용법뿐만 아니라 형용사 용법으로
마지막의, 최후의 뜻으로도 사용할 수 있다.

✋ **어휘 더하기!**

• ซ่อม 고치다 쏨-	• สระ 감다 싸	• ผม 머리카락 폼
• โอกาส 기회 오-깟-	• สุดท้าย 마지막, 마침내 쑷타-이	• สะอาด 깨끗하다 싸앗-

성조에 맞게 큰소리로 읽어보세요!

- ในที่สุดก็ ซ่อม ห้องน้ำ

  나이티-쑷꺼-   썸-   헝-남-

  마침내 화장실을 고쳤다.

- ในที่สุดก็ สระ ผม ได้

  나이티-쑷꺼-   싸   폼   다-이

  마침내 머리를 감을 수 있다.

- ในที่สุด อาจารย์ ก็ ให้ โอกาส สุดท้าย เรา

  나이티-쑷   아-짠-   꺼- 하이   오-깟-   쑷타-이   라오

  마침내 교수님이 우리에게 마지막 기회를 주었다.

- ในที่สุด วันนี้ เรา ก็ จะ ทำความสะอาด ห้องน้ำ

  나이티-쑷   완니- 라오 꺼- 짜   탐쾀-싸앗-   헝-남-

  드디어 오늘 우리는 화장실 청소를 할 것이다.

- ในที่สุด บ้าน ก็ สะอาด

  나이티-쑷   반-   꺼-   싸앗-

  마침내 집이 깨끗하다.

아래 단어를 참고하여 직접 문장을 만들어 보세요!

↙ 집 내부와 관련된 어휘

- **ห้องนั่งเล่น** 거실
  형-낭렌-
- **ห้องนอน** 침실
  형-넌-
- **ห้องครัว** 주방
  형-크루-아

- **ห้องกินข้าว** 다이닝룸
  형-낀카-우
- **ห้องใต้ดิน** 지하실
  형-따이딘
- **ระเบียง** 발코니
  라비-양

마침내 거실을 고쳤다.　　　　　ในที่สุดก็ ซ่อม ห้องนั่งเล่น

ในที่สุดก็ ซ่อม ห้องนั่งเล่น

드디어 오늘 우리는 침실을 청소할 것이다.
　　　　　ในที่สุด วันนี้ เรา ก็ จะ ทำความสะอาด ห้องนอน

ในที่สุด วันนี้ เรา ก็ จะ ทำความสะอาด ห้องนอน

마침내 주방이 깨끗하다.　　　　ในที่สุด ห้องครัว ก็ สะอาด

ในที่สุด ห้องครัว ก็ สะอาด

마침내 지하실을 고쳤다.　　　　ในที่สุดก็ ซ่อม ห้องใต้ดิน

ในที่สุดก็ ซ่อม ห้องใต้ดิน

마침내 발코니가 깨끗하다.　　　ในที่สุด ระเบียง ก็ สะอาด

ในที่สุด ระเบียง ก็ สะอาด

마침내 거실을 고쳤다.   나이티쏫꺼 썸 헝낭렌

드디어 오늘 우리는 침실을 청소할 것이다.   나이티쏫 완니 라오 꺼 짜 탐쾀싸앗 헝넌

마침내 주방이 깨끗하다.   나이티쏫 헝크루아 꺼 싸앗

마침내 지하실을 고쳤다.   나이티쏫꺼 썸 헝따이딘

마침내 발코니가 깨끗하다.   나이티쏫 라비양 꺼 싸앗

포인트 콕!

• ก่อน[껀-]은 **~ 전에, 먼저**를 뜻하는 부사로 위치에 따라 그 의미가 달라진다.

패턴 꽉!

• 새벽 1시 전에 잔다.

นอนหลับ ก่อน ตีหนึ่ง

• 술집은 새벽 4시 전에 닫는다.

บาร์ ปิด ก่อน ตีสี่

• 누가 새벽 5시 전에 일어나?

ใคร ตื่นนอน ก่อน ตีห้า

• 생각에는 그는 새벽 2시 전에 올 수 없다.

คิด ว่า เขา มา ก่อน ตีสอง ไม่ได้

• 마침내 아기는 새벽 3시 전에 잠들었다.

ในที่สุด เด็กอ่อน ก็ นอนหลับ ก่อน ตีสาม

해설 +

ก่อน[껀-]이 시간이나 동사 앞에 위치할 경우 **~전에**라 풀이하고 뒤에 위치할 경우 '**먼저**'로 풀이한다.

예 ก่อน ไป [껀- 빠-이] = 가기 전에 / ไป ก่อน [빠-이 껀-] = 먼저 가다

태국어에서 시간을 나타내는 개념과 표현방식은 우리와 다르므로 주의해서 알아둔다.

어휘 더하기!

• ตีหนึ่ง 새벽 1시
띠-능

• ตีสาม 새벽 3시
띠-쌈-

• ตีห้า 새벽 5시
띠-하-

• ตีสอง 새벽 2시
띠-썽-

• ตีสี่ 새벽 4시
띠-씨-

• บาร์ bar
바-

성조에 맞게 큰소리로 읽어보세요!

- **นอนหลับ ก่อน ตีหนึ่ง**
  넌-랍   껀-   띠-능

  새벽 1시 전에 잔다.

- **บาร์ ปิด ก่อน ตีสี่**
  바-   삣   껀-   띠-씨-

  술집은 새벽 4시 전에 닫는다.

- **ใคร ตื่นนอน ก่อน ตีห้า**
  크라이   뜬-넌-   껀-   띠-하-

  누가 새벽 5시 전에 일어나?

- **คิด ว่า เขา มา ก่อน ตีสอง ไม่ได้**
  킷   와   카오   마   껀-   띠-썽-   마이다-이

  생각에는 그는 새벽 2시 전에 올 수 없다.

- **ในที่สุด เด็กอ่อน ก็ นอนหลับ ก่อน ตีสาม**
  나이티-쑷   덱언-   꺼-   넌-랍   껀-   띠-쌈-

  마침내 아기는 새벽 3시 전에 잠들었다.

아래 단어를 참고하여 직접 문장을 만들어 보세요!

오전시간과 관련된 어휘

- หกโมงเช้า 오전 6시
  흑몽-차오
- เก้าโมงเช้า 오전 9시
  까오몽-차오
- เจ็ดโมงเช้า 오전 7시
  쩻몽-차오
- สิบโมงเช้า 오전 10시
  씹몽-차오
- แปดโมงเช้า 오전 8시
  뺏-몽-차오
- สิบเอ็ดโมงเช้า 오전 11시
  씹엣몽-차오

누가 오전 6시 전에 일어나?

ใคร ตื่นนอน ก่อน หกโมงเช้า

ใคร ตื่นนอน ก่อน หกโมงเช้า

마침내 오전 7시 전에 잠들었다.

ในที่สุดก็ นอนหลับ ก่อน เจ็ดโมงเช้า

ในที่สุดก็ นอนหลับ ก่อน เจ็ดโมงเช้า

술집은 오전 8시 전에 닫는다.

บาร์ ปิด ก่อน แปดโมงเช้า

บาร์ ปิด ก่อน แปดโมงเช้า

생각에는 그는 오전 10시 전에 올 수 없다.

คิด ว่า เขา มา ก่อน สิบโมงเช้า ไม่ได้

คิด ว่า เขา มา ก่อน สิบโมงเช้า ไม่ได้

생각에는 오전 11시 전에 잘 수 없다.

คิด ว่า นอนหลับ ก่อน สิบเอ็ดโมงเช้า ไม่ได้

คิด ว่า นอนหลับ ก่อน สิบเอ็ดโมงเช้า ไม่ได้

직접 쓰고 큰 소리로 말해보세요!

누가 오전 6시 전에 일어나?   크라이 뜬넌 껀 혹몽차오

■···■

마침내 오전 7시 전에 잠들었다.   나이티숏꺼 넌랍 껀 쩻몽차오

■···■

술집은 오전 8시 전에 닫는다.   바 삣 껀 삗몽차오

■···■

생각에는 그는 오전 10시 전에 올 수 없다.   킷 와 카오 마 껀 씹몽차오 마이다이

■···■

생각에는 오전 11시 전에 잘 수 없다.   킷 와 넌랍 껀 씹엣몽차오 마이다이

■···■

41 หลัง ลั่ง
~후에

👆 포인트 쏙!

• 헐랑[랑]은 ~후에, ~뒤에 등의 의미를 지닌 부사로 문장 앞에 위치한다.

✌ 패턴 꽉!

• 오후 1시 이후에 할머니가 올 것이다.	หลัง บ่ายโมง ยาย จะ มา
• 오후 2시 이후에 주문할 수 있다.	หลัง บ่ายสองโมง สั่ง ได้
• 오후 3시 이후에 병원에 데려다줄 수 있어?	หลัง บ่ายสามโมง ไป ส่ง ที่ โรงพยาบาล ได้ไหม
• 오후 4시 이후에 영화 볼까?	หลัง สี่โมงเย็น ดู หนัง ไหม
• 오후 5시 이후에 기차가 없다.	หลัง ห้าโมงเย็น ไม่ มี รถไฟ

✌ 해설 ✚

보통 몇 시간 후를 말할 때는 '헐랑 + 시간'이 쓰이고, 어떤 행동이 끝난 뒤를 이야기할 때는 '헐랑깍 [랑짝-] + 행동'이 쓰인다.

예 หลังจาก กิน จะ ทำ อะไร [랑짝- 낀 짜 탐 아라이] = 먹은 후에 뭐 할 거야?

👆 어휘 더하기!

• บ่ายโมง 오후 1시 바-이몽-	• บ่ายสามโมง 오후 3시 바-이쌈-몽-	• ห้าโมงเย็น 오후 5시 하-몽-옌
• บ่ายสองโมง 오후 2시 바-이썽-몽-	• สี่โมงเย็น 오후 4시 씨-몽-옌	• หนัง 영화 낭

문장 읽기 성조에 맞게 큰소리로 읽어보세요!

- หลัง บ่ายโมง ยาย จะ มา

  랑　　바-이몽-　야-이　짜　마-

  오후 1시 이후에 할머니가 올 것이다.

- หลัง บ่ายสองโมง สั่ง ได้

  랑　　바-이썽-몽-　　쌍　다-이

  오후 2시 이후에 주문할 수 있다.

- หลัง บ่ายสามโมง ไป ส่ง ที่ โรงพยาบาล ได้ไหม

  랑　　바-이쌈-몽-　　빠이　쏭　티-　롱-파야-반-　다-이마이

  오후 3시 이후에 병원에 데려다줄 수 있어?

- หลัง สี่โมงเย็น ดู หนัง ไหม

  랑　　씨-몽-옌　두-　낭　마이

  오후 4시 이후에 영화 볼까?

- หลัง ห้าโมงเย็น ไม่ มี รถไฟ

  랑　　하-몽-옌　마이　미-　롯파이

  오후 5시 이후에 기차가 없다.

• 213

아래 단어를 참고하여 직접 문장을 만들어 보세요!

⌐ 오후시간과 관련된 어휘

- **หกโมงเย็น** 오후 6시
  흑몽-옌
- **หนึ่งทุ่ม** 오후 7시
  능-툼
- **สองทุ่ม** 오후 8시
  썽-툼
- **สามทุ่ม** 오후 9시
  쌈-툼
- **สี่ทุ่ม** 오후 10시
  씨-툼
- **ห้าทุ่ม** 오후 11시
  하-툼

오후 6시 이후에 할머니가 올 것이다.   หลัง หกโมงเย็น ยาย จะ มา

หลัง หกโมงเย็น ยาย จะ มา

오후 7시 이후에 주문 할 수 있다.   หลัง หนึ่งทุ่ม สั่ง ได้

หลัง หนึ่งทุ่ม สั่ง ได้

오후 8시 이후에 영화 볼까?   หลัง สองทุ่ม ดู หนัง ไหม

หลัง สองทุ่ม ดู หนัง ไหม

오후 9시 이후에 기차가 없다.   หลัง สามทุ่ม ไม่ มี รถไฟ

หลัง สามทุ่ม ไม่ มี รถไฟ

오후 10시 이후에 병원에 데려다줄 수 있어?   หลัง สี่ทุ่ม ไป ส่ง ที่ โรงพยาบาล ได้ไหม

หลัง สี่ทุ่ม ไป ส่ง ที่ โรงพยาบาล ได้ไหม

직접 쓰고 큰 소리로 말해보세요!

오후 6시 이후에 할머니가 올 것이다.　　　　랑 혹몽옌 야이 짜 마

오후 7시 이후에 주문 할 수 있다.　　　　랑 능툼 쌍 다이

오후 8시 이후에 영화 볼까?　　　　랑 썽툼 두 낭 마이

오후 9시 이후에 기차가 없다.　　　　랑 쌈툼 마이 미 롯파이

오후 10시 이후에 병원에 데려다줄 수 있어?　　랑 씨툼 빠이 쏭 티 롱파야반 다이마이

08장

9개의 접속사 패턴!

42 ~할 때   เวลา

43 그리고   และ

44 또는   หรือ

45 만약에   ถ้า

46 그리고 나서   แล้วก็

47 왜냐하면   เพราะว่า

48 그러나   แต่

49 그래서, 그러므로   ดังนั้น

50 ~하는 대로   พอ..ก็..

태국에 숨은 여행지 TOP3

몸과 마음이 힐링되는 태국에 숨은 여행지

Top 1 - 빠이 (Pai)

배낭여행자들의 안식처라 불리는 빠이는 태국 북부지역에 있는 작은 시골 마을이다. 산과 구름으로 둘러싸인 이곳은 시간을 따르지 않는 것마냥 모든 것이 느리게 흘러간다. 자전거를 타고 천천히 돌아보며 현지의 감성을 느낄 수 있는 곳으로 여행에서 바라는 편안함이 바로 이곳을 두고 말한 것이 아닐까 하는 생각이 든다. 오밀조밀 모여있는 카페와 식당... 사람 냄새나는 정겨운 곳. 꾸미지 않아도 그 자체로 모든 것을 말해주는 빠이.

Top 2 - 뜨랑 (Trang)

뜨랑은 남부의 대표적인 관광지인 푸켓과 끄라비 밑에 위치한 곳이다. 천연의 아름다움을 간직한 뜨랑의 섬들은 이중으로 나누어진 바다 색과 하늘까지 어울린 3색의 파란색을 바라보기만 해도 힐링 되는 곳이다. 꼭 들려야 할 에메랄드 동굴은 정말 선녀들이 이곳에서 머물다 가지 않았을까 하는 생각이 들 정도로 신비하고 오묘한 비밀 동굴이다. 태국 현지인들이 많이 찾는 곳으로 물가도 다른 관광지보다 많이 저렴한 편이니 장기여행도 부담 없는 이곳은 낙원이 아닐까.

Top 3 - 코팡안 (Ko Phangan)

코팡안은 파티의 섬으로 잘 알려져 있지만 섬 반대쪽은 너무나 고요해 이곳이 파티에 섬이 맞는지 의문이 들을 정도로 조용하다. 여행자들의 왕래가 잦고 아름다운 해변을 가진 섬이기에 자연과 함께 잘 어우러진 웰니스 프로그램이 많다. 바다를 마주하여 요가를 하고 신선한 태국 과일로 만든 과일 스무디 한잔 그리고 몸을 디톡스하는 채식 식당까지 정말 "쉼"이라는 단어를 몸과 마음으로 느낄 수 있는 곳이다.

42 เวลา 웰-라-

~할 때

MP3 / VOD

포인트 콕!

• เวลา[웰-라-]는 ~할 때, ~하는 동안에 의미를 지닌 접속사로 보통 문장 앞에 위치한다.

패턴 꽉!

• 한가할 때 언니는 쇼핑을 간다.	เวลา ว่าง พี่สาว ไป ช้อปปิ้ง
• 돈이 없을 때 나는 오직 집에만 있는다.	เวลา ไม่ มี เงิน ฉัน อยู่ ที่ บ้าน เท่านั้น
• 여행 갈 때 망고를 많이 먹는다.	เวลา ไปเที่ยว กิน มะม่วง เยอะ
• 음식 할 때 설탕을 많이 넣지 않는다.	เวลา ทำ อาหาร ไม่ ใส่ น้ำตาล เยอะ
• 우리와 함께 있을 때 아버지는 행복해하신다.	เวลา อยู่ กับ เรา คุณพ่อ มีความสุข

해설 +

เวลา[웰-라-]의 다른 뜻으로 "시간"을 나타낸다.

예 มี เวลา ไหม [미- 웰-라- 마이] = 시간 있어?

어휘 더하기!

• ว่าง 비다. 시간 있다. 여유롭다
  왕-

• เยอะ 많이
  여

• น้ำตาล 설탕
  남딴-

• ช้อปปิ้ง 쇼핑
  첩-삥

• ใส่ 넣다, 입다
  싸이

성조에 맞게 큰소리로 읽어보세요!

- เวลา ว่าง พี่สาว ไป ช้อปปิ้ง

  웰–라– 왕– 피–싸–우 빠이 첩–삥

  한가할 때 언니는 쇼핑을 간다.

- เวลา ไม่ มี เงิน ฉัน อยู่ ที่ บ้าน เท่านั้น

  웰–라– 마이 미– 응언– 찬 유– 티– 반– 타오난

  돈이 없을 때 나는 오직 집에만 있는다.

- เวลา ไปเที่ยว กิน มะม่วง เยอะ

  웰–라– 빠이티–야우 낀 마무–앙 여

  여행 갈 때 망고를 많이 먹는다.

- เวลา ทำ อาหาร ไม่ ใส่ น้ำตาล เยอะ

  웰–라– 탐 아–한– 마이 싸이 남딴– 여

  음식 할 때 설탕을 많이 넣지 않는다.

- เวลา อยู่ กับ เรา คุณพ่อ มีความสุข

  웰–라– 유– 깝 라오 쿤퍼– 미–쾀–쑥

  우리와 함께 있을 때 아버지는 행복해하신다.

아래 단어를 참고하여 직접 문장을 만들어 보세요!

향신료와 관련된 어휘

• เกลือ 소금
끌르ᅳ아

• พริกไทย 후추
프릭타이

• น้ำส้มสายชู 식초
남쏨싸ᅳ이추ᅳ

• ผักชี 고수
팍치ᅳ

• น้ำปลา 피쉬소스
남쁠라ᅳ

• พริกป่น 고춧가루
프릭뽄

음식 할 때 소금을 많이 넣지 않는다.　เวลา ทำ อาหาร ไม่ ใส่ เกลือ เยอะ

เวลา ทำ อาหาร ไม่ ใส่ เกลือ เยอะ

음식 할 때 오직 후추만 넣는다.　เวลา ทำ อาหาร ใส่ พริกไทย เท่านั้น

เวลา ทำ อาหาร ใส่ พริกไทย เท่านั้น

음식 할 때 오직 식초만 넣는다.　เวลา ทำ อาหาร ใส่ น้ำส้มสายชู เท่านั้น

เวลา ทำ อาหาร ใส่ น้ำส้มสายชู เท่านั้น

여행 갈 때 고수를 많이 먹는다.　เวลา ไปเที่ยว กิน ผักชี เยอะ

เวลา ไปเที่ยว กิน ผักชี เยอะ

고춧가루를 많이 넣을 때 나는 행복하다.　เวลา ใส่ พริกป่น เยอะ ฉัน มีความสุข

เวลา ใส่ พริกป่น เยอะ ฉัน มีความสุข

직접 쓰고 큰 소리로 말해보세요!

음식 할 때 소금을 많이 넣지 않는다.   웰라 탐 아한 마이 싸이 끌르아 여

음식 할 때 오직 후추만 넣는다.   웰라 탐 아한 싸이 프릭타이 타오난

음식 할 때 오직 식초만 넣는다.   웰라 탐 아한 싸이 남쏨싸이추 타오난

여행 갈 때 고수를 많이 먹는다.   웰라 빠이티야우 낀 팍치 여

고춧가루를 많이 넣을 때 나는 행복하다.   웰라 싸이 프릭뽄 여 찬 미쾀쑥

 และ ´래

그리고

포인트 콕!

• และ[래]는 그리고, ~와 등의 의미를 지닌 접속사에 해당한다.

패턴 꽉!

• 호텔은 비싸고 방이 없다.	โรงแรม แพง และ ไม่ มี ห้อง
• 아들은 생선과 우유에 알러지가 있다.	ลูกชาย แพ้ ปลา และ นม
• 해산물 샐러드와 밥을 주문하고 싶다.	อยาก สั่ง ยำ ทะเล และ ข้าว
• 돼지고기 꼬치와 닭 꼬치를 주문하고 싶다.	อยาก สั่ง หมู ปิ้ง และ ไก่ ปิ้ง
• 누가 게와 새우 먹는 것을 안 좋아해?	ใคร ไม่ ชอบ กิน ปู และ กุ้ง

해설 ✚

태국 음식은 원하는 대로 주문이 가능하니 조리방법과 재료 어휘를 잘 숙 하고 있다면 취향에 따라 주문 할 수 있다.

어휘 더하기!

• ปิ้ง 굽다 (숯불, 석쇠 위에서 작게 굽는 개념)
  삥

• ปลา 생선
  쁠라-

• แพ้ ~에 알려지가 있다
  패-

• ยำ 무치다, 샐러드
  얌

• กุ้ง 새우
  꿍

• ปู 게
  뿌-

224

- **โรงแรม แพง และ ไม่ มี ห้อง**

  롱–램–   팽–   래   마이   미–   헝–

  호텔은 비싸고 방이 없다.

- **ลูกชาย แพ้ ปลา และ นม**

  룩–차–이   패–   쁠라–   래   놈

  아들은 생선과 우유에 알러지가 있다.

- **อยาก สั่ง ยำ ทะเล และ ข้าว**

  약–   쌍   얌   탈레–   래   카–우

  해산물 샐러드와 밥을 주문하고 싶다.

- **อยาก สั่ง หมู ปิ้ง และ ไก่ ปิ้ง**

  약–   쌍   무–   삥   래   까이   삥

  돼지고기 꼬치와 닭 꼬치를 주문하고 싶다.

- **ใคร ไม่ ชอบ กิน ปู และ กุ้ง**

  크라이   마이   첩–   낀   뿌–   래   꿍

  누가 게와 새우 먹는 것을 안 좋아해?

복습 톡톡   아래 단어를 참고하여 직접 문장을 만들어 보세요!

↙ 조리와 관련된 어휘

- ผัด 볶다
  팟

- ทอด 튀기다
  텃-

- ต้ม 끓이다
  똠

- นึ่ง 찌다
  능

- ย่าง 굽다 (통째로 굽는 개념)
  양-

- ดิบ 생, 익히지 않은
  딥

볶음밥과 닭튀김을 주문하고 싶다.　　　อยาก สั่ง ข้าว ผัด และ ไก่ ทอด

อยาก สั่ง ข้าว ผัด และ ไก่ ทอด

해산물 샐러드와 돼지고기구이를 주문하고 싶다.

อยาก สั่ง ยำ ทะเล และ หมู ย่าง

อยาก สั่ง ยำ ทะเล และ หมู ย่าง

찐 생선과 게살 볶음밥을 먹고 싶다.　　อยาก กิน ปลา นึ่ง และ ข้าว ผัด ปู

อยาก กิน ปลา นึ่ง และ ข้าว ผัด ปู

새우 볶음밥과 닭구이를 먹고 싶다.　　อยาก กิน ข้าว ผัด กุ้ง และ ไก่ ย่าง

อยาก กิน ข้าว ผัด กุ้ง และ ไก่ ย่าง

생선튀김과 죽을 좋아한다.　　　　ชอบ ปลา ทอด และ ข้าว ต้ม

ชอบ ปลา ทอด และ ข้าว ต้ม

직접 쓰고 큰 소리로 말해보세요!

볶음밥과 닭튀김을 주문하고 싶다.　　　　　　약 쌍 카우 팟 래 까이 텃

────────────────────────────────

해산물 샐러드와 돼지고기구이를 주문하고 싶다.　약 쌍 얌 탈레 래 무 양

────────────────────────────────

찐 생선과 게살 볶음밥을 먹고 싶다.　　　　약 낀 쁠라 능 래 카우 팟 뿌

────────────────────────────────

새우 볶음밥과 닭구이를 먹고 싶다.　　　　약 낀 카우 팟 꿍 래 까이 양

────────────────────────────────

생선튀김과 죽을 좋아한다.　　　　　　첩 쁠라텃 래 카우 똠

────────────────────────────────

หรือ ร̌-
또는

포인트 콕!

• หรือ[르-]는 **혹은**, **또는**의 의미를 지닌 접속사에 해당한다.

패턴 꽉!

• 커피나 차를 좋아해?	**ชอบ กาแฟ หรือ ชา ไหม**
• 남자 또는 여자.	**ผู้ชาย หรือ ผู้หญิง**
• 동의해 (안 해)?	**เห็นด้วย หรือเปล่า**
• 직원은 오고 있어 (아니야)?	**ลูกจ้าง กำลัง มา หรือเปล่า**
• 태국 사람은 친절해(아니야)?	**คน ไทย ใจดี หรือเปล่า**

해설 +

หรือเปล่า[르-쁠라오] 문장 끝에 위치하여 ~인지 아닌지에 대한 질문형태를 만들 때 사용한다.

예 ชอบ หรือเปล่า [첩- 르-쁠라오] 좋아해 (안 좋아해)?

어휘 더하기!

• **กาแฟ** 커피
까-패-

• **ผู้ชาย** 남자
푸-차-이

• **เห็นด้วย** 동의하다
헨두^아이

• **ลูกจ้าง** 직원
룩-짱-

• **ใจดี** 친절하다
짜이디

228 •

• ชอบ กาแฟ หรือ ชา ไหม
첩- 까-패- 르- 차- 마이

커피나 차를 좋아해?

• ผู้ชาย หรือ ผู้หญิง
푸-차-이 르- 푸-잉

남자 또는 여자.

• เห็นด้วย หรือเปล่า
헨 두-아이 르-쁠라오

동의해 (안 해)?

• ลูกจ้าง กำลัง มา หรือเปล่า
룩-짱- 깜랑 마- 르-쁠라오

직원은 오고 있어 (아니야)?

• คน ไทย ใจดี หรือเปล่า
콘 타이 짜이디 르-쁠라오

태국 사람은 친절해 (아니야)?

아래 단어를 참고하여 직접 문장을 만들어 보세요!

↙ 직업과 관련된 어휘

- แอร์โฮสเตส 승무원
  애-홋-뗏-

- นักออกแบบ 디자이너
  낙억-뱁-

- คนขับรถ 운전사
  콘캅롯

- ช่างตัดผม 미용사
  창-땃폼

- ชาวนา 농부
  차-우나-

- แม่บ้าน 가사 도우미
  매-반-

승무원은 친절해 (아니야)?   แอร์โฮสเตส ใจดี หรือเปล่า

แอร์โฮสเตส ใจดี หรือเปล่า

디자이너는 동의해 (아니야)?   นักออกแบบ เห็นด้วย หรือเปล่า

นักออกแบบ เห็นด้วย หรือเปล่า

운전사는 오고 있어 (아니야)?   คนขับรถ กำลัง มา หรือเปล่า

คนขับรถ กำลัง มา หรือเปล่า

미용사는 커피나 차를 좋아해?   ช่างตัดผม ชอบ กาแฟ หรือ ชา ไหม

ช่างตัดผม ชอบ กาแฟ หรือ ชา ไหม

농부는 동의해 (아니야)?   ชาวนา เห็นด้วย หรือเปล่า

ชาวนา เห็นด้วย หรือเปล่า

직접 쓰고 큰 소리로 말해보세요!

승무원은 친절해 (아니야)?   애홋뗏 짜이디 르쁠라오

디자이너는 동의해 (아니야)?   낙업뱁 헨두아이 르쁠라오

운전사는 오고 있어 (아니야)?   콘캅롯 깜랑 마 르쁠라오

미용사는 커피나 차를 좋아해?   창땃폼 첩 까패 르 차 마이

농부는 동의해 (아니야)?   차우나 헨두아이 르쁠라오

45 ถ้า ต้า-
만약에

포인트 콕!

• ถ้า[타-]는 문장 앞에 위치하여 **만약에**를 의미하는 접속사에 해당한다.

패턴 꽉!

• 만약에 내가 돈이 충분히 있다면 큰 냉장고를 사고 싶다.	ถ้า ฉัน มี เงิน พอ อยาก ซื้อ ตู้เย็น ใหญ่
• 만약에 핸드폰 배터리가 충분히 있다면 너와 이야기할 수 있다.	ถ้า โทรศัพท์มือถือ มี แบตเตอรี่ พอ คุย กับ คุณ ได้
• 만약에 차가 다시 고장 난다면 새로운 차로 바꿀 것이다.	ถ้า รถ เสีย อีกครั้ง จะ เปลี่ยน รถ ใหม่
• 만약에 다시 술을 마시면 실망할 것이다.	ถ้า ดื่ม เหล้า อีกครั้ง จะ ผิดหวัง
• 만약에 내일 비가 오면 집에서 놀 것이다.	ถ้า พรุ่งนี้ ฝนตก จะ เล่น ที่ บ้าน

해설 +

비슷한 표현으로 ถ้า[타-] …ก็[꺼-]는 만약에 …. 그렇다면 …표현으로 사용한다 .

⟐ ถ้า ไม่ สบาย ก็ อยู่ ที่ บ้าน [타- 마이 싸바-이 꺼- 유- 티- 반-]

만약에 몸이 좋지 않다면 집에 있어라

어휘 더하기!

• พอ 충분하다 퍼-	• แบตเตอรี่ 배터리 뱃-뜨ㅓ-리-	• เหล้า 술 라오
• ตู้เย็น 냉장고 뚜-옌	• รถ 자동차 롯	• ผิดหวัง 실망하다 핏왕

- ถ้า ฉัน มี เงิน พอ อยาก ซื้อ ตู้เย็น ใหญ่
  타- 찬 미- 응언 퍼- 약- 쓰- 뚜-옌 야이
  만약에 내가 돈이 충분히 있다면 큰 냉장고를 사고 싶다.

- ถ้า โทรศัพท์มือถือ มี แบตเตอรี่ พอ คุย กับ คุณ ได้
  타- 토-라쌉ㅁ-트- 미- 뱃-뜨ㅓ-리- 퍼- 쿠이 깝 쿤 다-이
  만약에 핸드폰 배터리가 충분히 있다면 너와 이야기 할 수 있다.

- ถ้า รถ เสีย อีกครั้ง จะ เปลี่ยน รถ ใหม่
  타- 롯 씨-야 익-크랑 짜 쁠리-얀 롯 마이
  만약에 차가 다시 고장 난다면 새로운 차로 바꿀 것이다.

- ถ้า ดื่ม เหล้า อีกครั้ง จะ ผิดหวัง
  타- 듬- 라오 익-크랑 짜 핏왕
  만약에 다시 술을 마시면 실망할 것이다.

- ถ้า พรุ่งนี้ ฝนตก จะ เล่น ที่ บ้าน
  타- 프룽니- 폰똑 짜 렌- 티- 반-
  만약에 내일 비가오면 집에서 놀 것이다.

아래 단어를 참고하여 직접 문장을 만들어 보세요!

↰ 가전제품과 관련된 어휘

- เครื่องซักผ้า 세탁기
  크르-앙싹파-
- ไมโครเวฟ 전자레인지
  마이크로-웹-
- พัดลม 선풍기
  팟롬
- โซฟา 소파
  쏘-파-
- เครื่องดูดฝุ่น 청소기
  크르-앙둣-푼
- อ่างล้างจาน 싱크대
  앙-랑-짠-

만약에 내가 돈이 충분히 있다면 큰 세탁기를 사고 싶다.

ถ้า ฉัน มี เงิน พอ อยาก ซื้อ เครื่องซักผ้า ใหญ่

ถ้า ฉัน มี เงิน พอ อยาก ซื้อ เครื่องซักผ้า ใหญ่

만약에 선풍기가 다시 고장 난다면 새로운 선풍기로 바꿀 것이다.

ถ้า พัดลม เสีย อีกครั้ง จะ เปลี่ยน พัดลม ใหม่

ถ้า พัดลม เสีย อีกครั้ง จะ เปลี่ยน พัดลม ใหม่

만약에 청소기가 다시 고장 난다면 실망할 것이다.

ถ้า เครื่องดูดฝุ่น เสีย อีกครั้ง จะ ผิดหวัง

ถ้า เครื่องดูดฝุ่น เสีย อีกครั้ง จะ ผิดหวัง

만약에 내가 돈이 충분히 있다면 새로운 전자레인지를 사고 싶다.

ถ้า ฉัน มี เงิน พอ อยาก ซื้อ ไมโครเวฟ ใหม่

ถ้า ฉัน มี เงิน พอ อยาก ซื้อ ไมโครเวฟ ใหม่

만약에 새로운 소파를 산다면 집에서 놀 것이다.   ถ้า ซื้อ โซฟา ใหม่ จะ เล่น ที่ บ้าน

ถ้า ซื้อ โซฟา ใหม่ จะ เล่น ที่ บ้าน

만약에 내가 돈이 충분히 있다면 큰 세탁기를 사고 싶다.

타 찬 미 응언 퍼 약 쓰 크르앙싹파 야이

만약에 선풍기가 다시 고장 난다면 새로운 선풍기로 바꿀 것이다.

타 팟롬 씨야 익크랑 짜 쁘리얀 팟롬 마이

만약에 청소기가 다시 고장 난다면 실망할 것이다.

타 크르앙둧푼 씨야 익크랑 짜 핏왕

만약에 내가 돈이 충분히 있다면 새로운 전자레인지를 사고 싶다.

타 찬 미 응언 퍼 약 쓰 마이크로웹 마이

만약에 새로운 소파를 산다면 집에서 놀 것이다.   타 쓰 쏘파 마이 짜 렌 티 반

46 แล้วก็ 래/-우^꺼-

그리고 나서

MP3 / VOD

포인트 콕!

• แล้วก็[래/-우^꺼-]는 **그리고, 그리고 나서**를 뜻하는 접속사로 문장 앞에 위치 한다.

패턴 꽉!

• 그리고 직진이요. แล้วก็ ตรงไป ค่ะ

• 직진하고 나서 거기서 멈춰요. ตรงไป แล้วก็ จอด ที่นั่น ค่ะ

• 1분 정도 걸어가서 그 길로 가세요. เดิน ไป 1 นาที แล้วก็ ไป ทาง นั้น ค่ะ

• 그리고 나서 우회전하세요. แล้วก็ เลี้ยว ขวา ค่ะ

• 좌회전하면 오른쪽에 있어요. เลี้ยว ซ้าย แล้วก็ อยู่ ข้าง ขวา ค่ะ

해설 +

❶ แล้ว[래/-우]는 앞서 배웠던 것처럼 **완료 또는 과거**를 나타내는 의미도 있고, **그리고**의 뜻도 있다.

❷ ข้าง[캉^-]은 **쪽, 편, ~가까이** 등을 표현하는 명사로 정확한 위치와 함께 결합하여 방향을 나타낸다.

예 ข้าง ซ้าย [캉^- 싸/-이] = **왼쪽**

어휘 더하기!

• ตรงไป 직진하다
뜨롱빠이

• ทาง 길
탕-

• ซ้าย 좌
싸/-이

• จอด 멈추다, 주차하다
쩟-

• เลี้ยว 돌다
리/-야우

• ขวา 우
콰v-

문장 읽기

성조에 맞게 큰소리로 읽어보세요!

- แล้วก็ ตรงไป ค่ะ

  래-우-꺼-   뜨롱빠이   카

  그리고 직진이요.

- ตรงไป แล้วก็ จอด ที่นั่น ค่ะ

  뜨롱빠이   래-우-꺼-   쩟-   티-난   카

  직진하고 나서 거기서 멈춰요.

- เดิน ไป 1 นาที แล้วก็ ไป ทาง นั้น ค่ะ

  드ㅓㄴ-   빠이   능   나-티-   래-우-꺼-   빠이   탕-   난   카

  1분 정도 걸어가서 그 길로 가세요.

- แล้วก็ เลี้ยว ขวา ค่ะ

  래-우-꺼-   리-야우   콰-   카

  그리고 나서 우회전하세요.

- เลี้ยว ซ้าย แล้วก็ อยู่ ข้าง ขวา ค่ะ

  리-야우   싸-이   래-우-꺼-   유-   캉-   콰-   카

  좌회전하면 오른쪽에 있어요.

아래 단어를 참고하여 직접 문장을 만들어 보세요!

┌─────────────────────────────────────── 방향과 관련된 어휘

• ข้าง บน 위쪽
  캉- 본

• ข้าง ล่าง 아래쪽
  캉- 랑-

• ข้าง นอก 바깥쪽
  캉- 넉-

• ข้าง หน้า 앞쪽
  캉- 나-

• ข้าง หลัง 뒤쪽
  캉- 랑

• ข้าง ใน 안쪽
  캉- 나이

직진하고 나서 위쪽에 있어요.　　ตรงไป แล้วก็ อยู่ ข้าง บน ค่ะ

ตรงไป แล้วก็ อยู่ ข้าง บน ค่ะ

우회전하고 나서 아래쪽에 있어요.　　เลี้ยว ขวา แล้วก็ อยู่ ข้าง ล่าง ค่ะ

เลี้ยว ขวา แล้วก็ อยู่ ข้าง ล่าง ค่ะ

그리고 나서 앞쪽으로 가세요.　　แล้วก็ ไป ข้าง หน้า ค่ะ

แล้วก็ ไป ข้าง หน้า ค่ะ

그리고 나서 뒤쪽으로 가세요.　　แล้วก็ ไป ข้าง หลัง ค่ะ

แล้วก็ ไป ข้าง หลัง ค่ะ

좌회전하고 나서 안쪽에 있어요.　　เลี้ยว ซ้าย แล้วก็ อยู่ ข้าง ใน ค่ะ

เลี้ยว ซ้าย แล้วก็ อยู่ ข้าง ใน ค่ะ

직접 쓰고 큰 소리로 말해보세요!

직진하고 나서 **위쪽**에 있어요.　　　뜨롱빠이 래우꺼 유 캉 본 카

우회전하고 나서 **아래쪽**에 있어요.　　리야우 콰 래우꺼 유 캉 랑 카

그리고 나서 **앞쪽**으로 가세요.　　　래우꺼 빠이 캉 나 카

그리고 나서 **뒤쪽**으로 가세요.　　　래우꺼 빠이 캉랑 카

좌회전하고 나서 **안쪽**에 있어요.　　리야우 싸이 래우꺼 유 캉 나이 카

47 เพราะว่า 프러와-
왜냐하면

포인트 콕!

- เพราะว่า[프러와-]는 **왜냐하면**의 의미로 문장 앞에 위치하는 접속사에 해당한다.

패턴 꽉!

- 왜냐하면 그곳은 위험하기 때문이다. / เพราะว่า ที่นั่น อันตราย

- 왜냐하면 여기가 더 저렴하기 때문이다. / เพราะว่า ที่นี่ ถูก กว่า

- 종종 다툰다 왜냐하면 신랑 성격이 급하다. / ทะเลาะ บ่อยๆ เพราะว่า เจ้าบ่าว ใจร้อน

- 엄마는 신부를 좋아한다 왜냐하면 그녀가 착하기 때문이다. / แม่ ชอบ เจ้าสาว เพราะว่า เขา ใจดี

- 눈을 한 번도 본 적이 없다 왜냐하면 여기는 눈이 내리지 않기 때문이다. / ไม่เคย เห็น หิมะ เพราะว่า ที่นี่ หิมะ ไม่ ตก

해설 +

태국어에서 **ใจ**[짜이]는 **마음, 심성**이라는 뜻으로 태국에 사상과 가치관을 엿볼 수 있는 단어이다. 모든 것의 중심은 마음에서 시작된다는 뜻을 담아 성격, 기분, 심리 등을 표현하는 다수의 복합어를 만든다.

어휘 더하기!

- **อันตราย** 위험하다
  안따라-이

- **ทะเลาะ** 싸우다, 다투다
  탈러

- **บ่อยๆ** 종종
  버-이버-이

- **เจ้าบ่าว** 신랑
  짜오바-우

- **ใจร้อน** 성격이 급하다
  짜이런-

- **เจ้าสาว** 신부
  짜오싸-우

성조에 맞게 큰소리로 읽어보세요!

- เพราะว่า ที่นั่น อันตราย

  프러와-   티-난   안따라-이

  왜냐하면 그곳은 위험하기 때문이다.

- เพราะว่า ที่นี่ ถูก กว่า

  프러와-   티- 니-   툭-   꽈-

  왜냐하면 여기가 더 저렴하기 때문이다.

- ทะเลาะ บ่อยๆ เพราะว่า เจ้าบ่าว ใจร้อน

  탈러   버-이버-이   프러와-   짜오바-우   짜이런-

  종종 다툰다 왜냐하면 신랑 성격이 급하다.

- แม่ ชอบ เจ้าสาว เพราะว่า เขา ใจดี

  매-   첩-   짜오싸-우   프러와-   카오   짜이디-

  엄마는 신부를 좋아한다 왜냐하면 그녀가 착하기 때문이다.

- ไม่เคย เห็น หิมะ เพราะว่า ที่นี่ หิมะ ไม่ ตก

  마이크ㅓ-이   헨-   히마   프러와-   티-니-   히마   마이   똑

  눈을 한 번도 본 적이 없다 왜냐하면 여기는 눈이 내리지 않기 때문이다.

아래 단어를 참고하여 직접 문장을 만들어 보세요!

↰ 성격과 관련된 어휘

- สุภาพ 예의가 바르다
  쑤팝-
- เห็นแก่ตัว 이기적이다
  헨깨-뚜-아
- มั่นใจ 자신있다
  만짜이

- ตื่นเต้น 흥분하다
  뜬-뗀-
- ใจเย็น 침착하다, 차분하다
  짜이옌
- ใจดำ 인정이 없다, 독하다
  짜이담

엄마는 신부를 좋아한다 왜냐하면 그녀는 예의가 바르기 때문이다.

แม่ ชอบ เจ้าสาว เพราะว่า เขา สุภาพ

แม่ ชอบ เจ้าสาว เพราะว่า เขา สุภาพ

왜냐하면 신랑은 종종 이기적이기 때문이다.   เพราะว่า เจ้าบ่าว เห็นแก่ตัว บ่อยๆ

เพราะว่า เจ้าบ่าว เห็นแก่ตัว บ่อยๆ

신부는 신랑을 좋아한다 왜냐하면 그는 차분하기 때문이다.

เจ้าสาว ชอบ เจ้าบ่าว เพราะว่า เขา ใจเย็น

เจ้าสาว ชอบ เจ้าบ่าว เพราะว่า เขา ใจเย็น

왜냐하면 종종 신부는 인정이 없기 때문이다.   เพราะว่า เจ้าสาว ใจดำ บ่อยๆ

เพราะว่า เจ้าสาว ใจดำ บ่อยๆ

왜냐하면 엄마가 더 자신 있기 때문이다.   เพราะว่า แม่ มั่นใจ กว่า

เพราะว่า แม่ มั่นใจ กว่า

242

직접 쓰고 큰 소리로 말해보세요!

엄마는 신부를 좋아한다 왜냐하면 그녀는 예의가 바르기 때문이다.
매 첩 짜오싸우 프러와 카오 쑤팝

왜냐하면 신랑은 종종 이기적이기 때문이다. 프러와 짜오바우 헨깨뚜아 버이버이

신부는 신랑을 좋아한다 왜냐하면 그는 차분하기 때문이다.
짜오싸우 첩 짜오바우 프러와 카오 짜이옌

왜냐하면 종종 신부는 인정이 없기 때문이다. 프러와 짜오싸우 짜이담 버이버이

왜냐하면 엄마가 더 자신 있기 때문이다. 프러와 매 만짜이 꽈

48

แต่ 때-
그러나

👆 **포인트 콕!**

• แต่[때-]는 그러나, 하지만 을 뜻하는 접속사로 문장 앞에 위치한다.

✌️ **패턴 꽉!**

• 그러나 받을 수 없다.	แต่ รับ ไม่ได้
• 그러나 인생은 쉽지 않다.	แต่ ชีวิต ไม่ ง่าย
• 날씨가 많이 덥지만 춥게 느껴진다.	อากาศ ร้อน มาก แต่ รู้สึก หนาว
• 약을 먹었지만 아직 열이 있는 것 같다.	กิน ยา แต่ ยัง รู้สึก มี ไข้
• 충분히 쉬었지만 아직 몸이 좋지 않다.	พักผ่อน พอ แต่ ยัง ไม่ สบาย

👆 **해설 ✛**

แล้ว แต่[래-우 때-]는 ~하기 나름이다 라는 의미로 구어체에서 많이 사용하는 표현이다. 사람이나 상황을 넣어 말할 수 있다.

예 แล้วแต่ คุณ [래-우때- 쿤] = 너에게 달렸다, 네가 하기 나름이다

✌️ **어휘 더하기!**

• รับ 받다 랍	• ง่าย 쉽다 응아^이	• ไข้ 열 카^이
• ชีวิต 인생 치-윗	• ยา 약 야-	

성조에 맞게 큰소리로 읽어보세요!

- **แต่ รับ ไม่ได้**
  때- 랍 마이다-이
  그러나 받을 수 없다.

- **แต่ ชีวิต ไม่ ง่าย**
  때- 치-윗 마이 응아-이
  그러나 인생은 쉽지 않다.

- **อากาศ ร้อน มาก แต่ รู้สึก หนาว**
  아-깟- 런- 막- 때- 루-쓱 나-우
  날씨가 많이 덥지만 춥게 느껴진다.

- **กิน ยา แต่ ยัง รู้สึก มี ไข้**
  낀 야- 때- 양 루-쓱 미- 카이
  약을 먹었지만 아직 열이 있는 것 같다.

- **พักผ่อน พอ แต่ ยัง ไม่ สบาย**
  팍펀- 퍼- 때- 양 마이 싸바-이
  충분히 쉬었지만 아직 몸이 좋지 않다.

아래 단어를 참고하여 직접 문장을 만들어 보세요!

감기와 관련된 어휘

- วิงเวียน 어지럽다
  웡위-얀
- อาการไอ 기침
  아-깐-아이
- เป็น หวัด 감기에 걸리다
  뻰 왓

- น้ำมูก 콧물
  남묵-
- จาม 재채기
  짬-
- คัด จมูก 코가 막히다
  캇 짜묵-

약을 먹었지만 아직 어지러운 것 같다.   กิน ยา แต่ ยัง รู้สึก วิงเวียน

กิน ยา แต่ ยัง รู้สึก วิงเวียน

충분히 쉬었지만 아직 기침이 난다.   พักผ่อน พอ แต่ ยัง มี อาการไอ

พักผ่อน พอ แต่ ยัง มี อาการไอ

날씨가 덥지만 감기에 걸렸다.   อากาศ ร้อน มาก แต่ เป็น หวัด

อากาศ ร้อน มาก แต่ เป็น หวัด

약을 먹었지만 아직 콧물이 난다.   กิน ยา แต่ ยัง มี น้ำมูก

กิน ยา แต่ ยัง มี น้ำมูก

충분히 쉬었지만 아직 코가 막힌다.   พักผ่อน พอ แต่ ยัง คัด จมูก

พักผ่อน พอ แต่ ยัง คัด จมูก

약을 먹었지만 아직 어지러운 것 같다.　　　끈 야 때 양 루쓱 윙위얀

충분히 쉬었지만 아직 기침이 난다.　　　팍펀 퍼 때 양 미 아깐아이

날씨가 덥지만 감기에 걸렸다.　　　아깟 런 막 때 뻰 왓

약을 먹었지만 아직 콧물이 난다.　　　끈 야 때 양 미 남묵

충분히 쉬었지만 아직 코가 막힌다.　　　팍펀 퍼 때 양 캇 짜묵

 **49** ดังนั้น 당난
그래서, 그러므로

MP3 / VOD

 포인트 콕!

• ดังนั้น[당난]은 그래서, 그러므로를 뜻하는 접속사로 문장 앞에 위치한다.

패턴 꽉!

• 외롭다 그래서 애인을 찾고 있다.	เหงา ดังนั้น กำลัง หา แฟน
• 따라서 신발을 벗어야만 한다.	ดังนั้น ต้อง ถอด รองเท้า
• 내일 회의가 있으니 그러므로 청바지를 입지 말아야 한다.	พรุ่งนี้ มี ประชุม ดังนั้น ต้อง ไม่ ใส่ กางเกงยีน
• 내일 추우므로 옷을 바꿔 입어야 한다.	พรุ่งนี้ หนาว ดังนั้น ต้อง เปลี่ยน เสื้อผ้า
• 뚱뚱하므로 운동해야만 한다.	อ้วน ดังนั้น ต้อง ออกกำลังกาย

해설 +

ต้อง[떵-]은 동사 앞에 위치하여 (동사)를 해야만 한다를 표현한다.
하지만 ไม่ ต้อง[마이 떵-]은 ~ 할 필요가 없다는 의미를 나타내니 주의한다.

예 ไม่ ต้อง มา [마이 떵- 마-] = 올 필요가 없다.
ต้อง ไม่ มา [떵- 마이 마-] = 오지 말아야 한다.

어휘 더하기!

•แฟน 애인 팬-	•ถอด 벗다 텃-	•กางเกงยีน 청바지 깡-껭-인-
•ต้อง ~해야한다 떵-	•ประชุม 회의 쁘라춤	

248 •

- เหงา ดังนั้น กำลัง หา แฟน
  응아오   당난   깜랑   하-   팬-
  외롭다 그래서 애인을 찾고 있다.

- ดังนั้น ต้อง ถอด รองเท้า
  당난   떵-   텃-   렁-타오
  따라서 신발을 벗어야만 한다.

- พรุ่งนี้ มี ประชุม ดังนั้น ต้อง ไม่ ใส่ กางเกงยีน
  프룽니-   미-   쁘라춤   당난   떵-   마이   싸이   깡-껭-인-
  내일 회의가 있으니 그러므로 청바지를 입지 말아야 한다.

- พรุ่งนี้ หนาว ดังนั้น ต้อง เปลี่ยน เสื้อผ้า
  프룽니-   나-우   당난   떵-   쁠리-얀   쓰-아파-
  내일 추우므로 옷을 바꿔 입어야 한다.

- อ้วน ดังนั้น ต้อง ออกกำลังกาย
  우-안   당난   떵-   억-깜랑까-이
  뚱뚱하므로 운동해야만 한다.

복습 톡톡 아래 단어를 참고하여 직접 문장을 만들어 보세요!

옷과 관련된 어휘

- เสื้อยืด 티셔츠
  쓰^아이^-웃
- กระโปรง 치마
  끄라쁘롱-
- เสื้อแจ๊คเก็ต 재킷
  쓰^아잭-껫

- กางเกง 바지
  깡-껭-
- เสื้อสูท 정장
  쓰^아쑷-
- เสื้อเชิ้ต 셔츠
  쓰^아츠ㅓ ㅅ-

내일 회의가 있으므로 티셔츠를 입지 말아야 한다.

พรุ่งนี้ มี ประชุม ดังนั้น ต้อง ไม่ ใส่ เสื้อยืด

พรุ่งนี้ มี ประชุม ดังนั้น ต้อง ไม่ ใส่ เสื้อยืด

내일 추우므로 치마를 입지 말아야 한다.

พรุ่งนี้ หนาว ดังนั้น ต้อง ไม่ ใส่ กระโปรง

พรุ่งนี้ หนาว ดังนั้น ต้อง ไม่ ใส่ กระโปรง

내일 추우므로 재킷을 입어야 한다.

พรุ่งนี้ หนาว ดังนั้น ต้อง ใส่ เสื้อแจ๊คเก็ต

พรุ่งนี้ หนาว ดังนั้น ต้อง ใส่ เสื้อแจ๊คเก็ต

내일 회의가 있으므로 정장을 입어야 한다.

พรุ่งนี้ มี ประชุม ดังนั้น ต้อง ใส่ เสื้อสูท

พรุ่งนี้ มี ประชุม ดังนั้น ต้อง ใส่ เสื้อสูท

내일 회의가 있으므로 셔츠를 입어야 한다.

พรุ่งนี้ มี ประชุม ดังนั้น ต้อง ใส่ เสื้อเชิ้ต

พรุ่งนี้ มี ประชุม ดังนั้น ต้อง ใส่ เสื้อเชิ้ต

250

직접 쓰고 큰 소리로 말해보세요!

내일 회의가 있으므로 티셔츠를 입지 말아야 한다.

프룽니 미 쁘라춤 당난 떵 마이 싸이 쓰아이웃

· ·

내일 추우므로 치마를 입지 말아야 한다.   프룽니 나우 당난 떵 마이 싸이 끄라쁘롱

· ·

내일 추우므로 재킷을 입어야 한다.   프룽니 나우 당난 떵 싸이 쓰아잭껫

· ·

내일 회의가 있으므로 정장을 입어야 한다. 프룽니 미 쁘라춤 당난 떵 쓰아쑷

· ·

내일 회의가 있으므로 셔츠를 입어야 한다. 프룽니 미 쁘라춤 당난 떵 싸이 쓰아츠ㅓㅅ

· ·

50   พอ...ก็...   퍼-까-
~하는 대로

MP3 / VOD

- พอ...ก็... [퍼-...까-]는 사건의 연속을 나열하는 나타내는 접속사로 **~하는 대로 ~한다** 라고 풀이한다.

패턴 콕!

• 일이 끝나는 대로 너한테 전화할 게.	**พอ ทำงาน เสร็จ ก็ โทรไปหา คุณ**
• 수업이 끝나는 대로 자전거를 사러 갈 것이다.	**พอ เรียน เสร็จ ก็ จะ ไป ซื้อ จักรยาน**
• 집에 돌아가는 대로 형과 공부할 것이다.	**พอ กลับ บ้าน ก็ จะ เรียน กับ พี่ชาย**
• 친구가 진정하는 대로 너를 만나러 갈게.	**พอ เพื่อน ใจเย็น ก็ จะ ไป พบ คุณ**
• 엄마한테 전화가 오는 대로 집에 돌아갈 것이다.	**พอ แม่ โทรมาหา ก็ จะ กลับ บ้าน**

해설 ✚

โทร [토-]는 **전화**라는 뜻으로 다음에 오는 동사에 따라 의미가 조금씩 변형된다.

전화를 걸다 = โทร ไป [토- 빠이] / **전화가 오다 = โทร มา** [토- 마-]

어휘 더하기!

- **เสร็จ** 끝나다
  쎗

- **โทรไปหา~** ~에게 전화를 하다
  토-빠이하-

- **เรียน** 수업, 공부하다
  리-얀

- **จักรยาน** 자전거
  짝끄라얀-

- **~โทรมาหา** ~에게 전화가 오다
  토-마-하-

252 •

- พอ ทำงาน เสร็จ ก็ โทร ไปหา คุณ

  퍼— 탐응안— 쎗 끼— 토—빠이하— 쿤

  일이 끝나는 대로 너한테 전화할 게.

- พอ เรียน เสร็จ ก็ จะ ไป ซื้อ จักรยาน

  퍼— 리—얀 쎗 끼— 짜 빠이 쓰— 짝끄라얀—

  수업이 끝나는 대로 자전거를 사러 갈 것이다.

- พอ กลับ บ้าน ก็ จะ เรียน กับ พี่ชาย

  퍼— 끌랍 반— 끼— 짜 리—얀 깝 피—차—이

  집에 돌아가는 대로 형과 공부할 것이다.

- พอ เพื่อน ใจเย็น ก็ จะ ไป พบ คุณ

  퍼— 프—안 짜이옌 끼— 짜 빠이 폽 쿤

  친구가 진정하는 대로 너를 만나러 갈게.

- พอ แม่ โทรมาหา ก็ จะ กลับ บ้าน

  퍼— 매— 토—마—하— 끼— 짜 끌랍 반—

  엄마한테 전화가 오는 대로 집에 돌아갈 것이다.

아래 단어를 참고하여 직접 문장을 만들어 보세요!

↱ 장신구와 관련된 어휘

• เงิน 은
  응언-

• สร้อยข้อมือ 팔찌
  써^-이커^-므-

• ทอง 금
  텅-

• แหวน 반지
  왠-

• สร้อยคอ 목걸이
  써^-이커-

• ตุ้มหู 귀걸이
  뚬후-

일이 끝나는 대로 목걸이를 사러 갈 것이다.   พอ ทำงาน เสร็จ ก็ จะ ไป ซื้อ สร้อยคอ

พอ ทำงาน เสร็จ ก็ จะ ไป ซื้อ สร้อยคอ

수업이 끝나는 대로 팔찌를 사러 갈 것이다.   พอ เรียน เสร็จ ก็ จะ ไป ซื้อ สร้อยข้อมือ

พอ เรียน เสร็จ ก็ จะ ไป ซื้อ สร้อยข้อมือ

일이 끝나는 대로 반지를 사러 갈 것이다.   พอ ทำงาน เสร็จ ก็ จะ ไป ซื้อ แหวน

พอ ทำงาน เสร็จ ก็ จะ ไป ซื้อ แหวน

귀걸이를 사는 대로 집으로 돌아간다.   พอ ซื้อ ตุ้มหู ก็ กลับ บ้าน

พอ ซื้อ ตุ้มหู ก็ กลับ บ้าน

너를 만나는 대로 금반지를 사러 갈 것이다.   พอ พบ คุณ ก็ จะ ไป ซื้อ แหวน ทอง

พอ พบ คุณ ก็ จะ ไป ซื้อ แหวน ทอง

직접 쓰고 큰 소리로 말해보세요!

일이 끝나는 대로 **목걸이**를 사러 갈 것이다. 퍼 탐응안 쎗 꺼 짜 빠이 쓰 써이커

- -

수업이 끝나는 대로 **팔찌**를 사러 갈 것이다. 퍼 리얀 쎗 꺼 짜 빠이 쓰 써이커므

- -

일이 끝나는 대로 **반지**를 사러 갈 것이다. 퍼 탐응안 쎗 꺼 짜 빠이 쓰 왠

- -

귀걸이를 사는 대로 집으로 돌아간다. 퍼 쓰 뚬후 꺼 끌랍 반

- -

너를 만나는 대로 **금반지**를 사러 갈 것이다. 퍼 폽 쿤 꺼 짜 빠이 쓰 왠 텅

- -

09장

5개의 추측/부탁등 패턴!

51 아마도   อาจจะ

52 ~해도 상관없다   ก็ได้

53 ~하지마라   อย่า

54 ~해주세요   กรุณา

55 ~해서 축하해   ยินดีด้วยที่...

태국! 이것만큼은 꼭 알고 가자

생생문화 09 알고 가면 좋은 태국 정보

미소의 나라

태국은 상대방을 배려하고 예의를 굉장히 중요시하는 문화이다. 그래서 친절함이 몸소 배어 있는 태국사람들은 언제나 미소를 지으며 사람들을 대하는데 웃으면 웃는 만큼 되로 친절함을 받을 수 있고 많은 문제도 쉽게 해결할 수 있다. 그렇기에 공공장소에서 크게 성질을 낸다거나 목소리를 높이는 일은 교양 없는 행동으로 여기며 어느 상황에서든 조용하게 해결해 나가려는 성향이 강하다. 특히 태국 경찰이나 공항 출입국 관리소에서 문제가 생겼을 경우 더욱 주의해야 한다. 언제 어느 때나 미소가 강력한 무기라는 것을 잊지 말자!

태국의 인사법

우리가 고개를 숙여 인사를 하듯이 태국의 인사도 따로 있다. 태국의 인사는 '와이'라고 하며, 합장 인사처럼 두 손을 모아 턱 쪽으로 올리며 가볍게 고개를 숙이는 것을 말한다. 악수하는 대신에 와이를 하며 계급, 나이에 따라 손에 위치가 조금씩 다르다. 합장한 손이 위로 올라갈수록 공경의 의미가 커지며 왕과 왕실에 인사를 할 때는 손을 머리 위까지 올려 와이를 한다. 아랫사람은 윗사람보다 일찍 인사하며 손을 더 오래 들고 있어야 한다. 이렇게 '와이'란 서로가 존중함을 나타내는 표시로 무언의 힘을 가진 아주 중요한 인사이다. 이렇듯 처음 본 사람이라도 '와이'를 하며 다가간다면 태국사람들과 한층 더 쉽게 가까워질 수 있을 것이다.

기초 태국어 TOP 5문장!

• 모든 문장 끝에 여자는 **ค่ะ** [카], 남자는 **ครับ** [크랍]을 붙여주면 높임말이 된다.

❶ 안녕하세요, 안녕히 가세요 = **สวัสดี** [싸왓디-]

❷ 감사합니다 = **ขอบคุณ** [컵-쿤]

❸ 미안합니다 = **ขอโทษ** [커-톳-]

❹ 괜찮아요 = **ไม่เป็นไร** [마이뻰라이]

❺ 행운을 빌어요 = **โชคดี** [촉-디-]

51 อาจจะ อัด-จ่า
아마도

MP3 / VOD

 포인트 콕!

• อาจจะ[앗-짜]는 **아마도, 어쩌면**이라는 뜻으로 동사 앞에 위치하여 추측이나 예측을 할 때 쓰인다.

패턴 꽉!

• 아마도 미니밴을 예약해야 할 것이다.	อาจจะ ต้อง จอง รถตู้
• 아마도 더러워질 것이다.	อาจจะ สกปรก
• 그녀는 아마도 도서관에서 공부 할 것이다.	เขา อาจจะ เรียน ที่ ห้องสมุด
• 아마도 친구를 위해서 차를 렌트할 지도 모른다.	อาจจะ เช่า รถ ให้ เพื่อน
• 아마도 빵은 무료일 것이다.	ขนมปัง อาจจะ ฟรี

해설 +

ให้[하이]의 또 다른 용법

~ 위해서 : เขา ทำ อาหาร ให้ เพื่อน [카오 탐 아-한- 하이 프-안]

= 그녀는 친구를 위해서 요리를 한다

어휘 더하기!

• รถตู้ 밴, 미니버스 롯뚜-	• ห้องสมุด 도서관 헝-싸뭇	• ขนมปัง 빵 카놈빵
• สกปรก 더럽다 쏙까쁘록	• เช่า 렌트하다 차오	• ฟรี 무료, 공짜 프리-

- อาจจะ ต้อง จอง รถตู้

  앗–짜   떵–   쩡–   롯뚜–

  아마도 미니밴을 예약해야 할 것이다.

- อาจจะ สกปรก

  앗–짜   쏙까쁘록

  아마도 더러워질 것이다.

- เขา อาจจะ เรียน ที่ ห้องสมุด

  카오   앗–짜   리–얀   티–   헝–싸뭇

  그녀는 아마도 도서관에서 공부 할 것이다.

- อาจจะ เช่า รถ ให้ เพื่อน

  앗–짜   차오   롯   하이   프–안

  아마도 친구를 위해서 차를 렌트할 지도 모른다.

- ขนมปัง อาจจะ ฟรี

  카놈빵   앗–짜   프리–

  아마도 빵은 무료일 것이다.

아래 단어를 참고하여 직접 문장을 만들어 보세요!

↰ 여행과 관련된 어휘

- **นักท่องเที่ยว** 관광객
  낙텅-티-야우
  +
- **ตั๋ว** 티켓
  뚜-아
- **ห้องพัก** 숙소
  헝-팍

- **ทัวร์** 투어
  투-아
- **มัคคุเทศก์** 투어가이드
  막쿠텟-
- **หนังสือเดินทาง** 여권
  낭쓰-드ㅓㄴ-탕-

아마도 관광객을 위해서 미니밴을 예약해야 할 것이다.

อาจจะ ต้อง จอง รถตู้ ให้ นักท่องเที่ยว

อาจจะ ต้อง จอง รถตู้ ให้ นักท่องเที่ยว

아마도 티켓을 예약해야 할 것이다.

อาจจะ ต้อง จอง ตั๋ว

อาจจะ ต้อง จอง ตั๋ว

아마도 숙소는 무료일 것이다.

ห้องพัก อาจจะ ฟรี

ห้องพัก อาจจะ ฟรี

아마도 친구를 위해서 투어를 예약할지도 모른다.

อาจจะ จอง ทัวร์ ให้ เพื่อน

อาจจะ จอง ทัวร์ ให้ เพื่อน

투어가이드는 아마도 차를 렌트해야 할 것이다.

มัคคุเทศก์ อาจจะ ต้อง เช่า รถ

มัคคุเทศก์ อาจจะ ต้อง เช่า รถ

직접 쓰고 큰 소리로 말해보세요!

아마도 관광객을 위해서 미니밴을 예약해야 할 것이다.

앗짜 떵 쩡 롯뚜 하이 낙텅티야우

아마도 티켓을 예약해야 할 것이다. 앗짜 떵 쩡 뚜아

아마도 숙소는 무료일 것이다. 형팍 앗짜 프리

아마도 친구를 위해서 투어를 예약할지도 모른다. 앗짜 쩡 투아 하이 프안

투어가이드는 아마도 차를 렌트해야 할 것이다. 막쿠텟 앗짜 떵 차오 롯

52 ก็ได้ 꺼-다-이
~해도 상관없다

 MP3 / VOD

👉 **포인트 콕!**

• ก็ได้[꺼-다-이]는 문장 끝에 위치하여 **~해도 상관없다**, 아무래도 **괜찮다**의 의미를 나타낸다.

👉 **패턴 콕!**

• 뭐든지 상관없다.	อะไร ก็ได้
• 혼자 해도 상관없다.	ทำ ด้วยตัวเอง ก็ได้
• 피아노 못 쳐도 상관없다.	เล่น เปียโน ไม่ เป็น ก็ได้
• 현금이 없어도 상관없다.	ไม่ มี เงินสด ก็ได้
• 카메라 사용하는 거 못 해도 상관없다.	ใช้ กล้องถ่ายรูป ไม่ เป็น ก็ได้

👉 **해설 ➕**

~할 수 있다의 의미로 앞서 배웠던 ได้[다-이]와 เป็น[뺀]이 있다.

เป็น[뺀]은 어떤 기술을 배워야 할 수 있는 능력의 가능을 말할 때 사용한다.

예 ว่ายน้ำ เป็น ไหม [와-이남- 뺀 마이] = 수영할 수 있어?

👉 **어휘 더하기!**

• ด้วยตัวเอง 혼자, 스스로 두-아이 뚜-아엥-	• เปียโน 피아노 뻬-야노-	• กล้องถ่ายรูป 카메라 끌렁-타-이룹-
• เล่น 놀다, 연주하다, 경기하다 렌-	• เงินสด 현금 응언-쏫	• เป็น ~할 수 있다 뺀

- **อะไร ก็ได้**

  아라이   꺼–다–이

  뭐든지 상관없다.

- **ทำ ด้วยตัวเอง ก็ได้**

  탐   두–아이뚜–아엥–   꺼–다–이

  혼자 해도 상관없다.

- **เล่น เปียโน ไม่ เป็น ก็ได้**

  렌–   삐–야노–   마이   뻰   꺼–다–이

  피아노 못 쳐도 상관없다.

- **ไม่ มี เงินสด ก็ได้**

  마이   미–   응언–쏫   꺼–다–이

  현금이 없어도 상관없다.

- **ใช้ กล้องถ่ายรูป ไม่ เป็น ก็ได้**

  차이   끌렁–타–이룹–   마이   뻰   꺼–다–이

  카메라 사용하는 거 못 해도 상관없다.

아래 단어를 참고하여 직접 문장을 만들어 보세요!

↰ 주방도구와 관련된 어휘

- ตะเกียบ 젓가락
  따끼-얍
- มีด 칼
  밋-
- กรรไกร 가위
  깐끄라이

- กระบวย 국자
  끄라부-아이
- ถ้วย 컵
  투-아이
- จาน 접시
  짠-

젓가락 사용 못 해도 상관없다.　　ใช้ ตะเกียบ ไม่ เป็น ก็ได้

ใช้ ตะเกียบ ไม่ เป็น ก็ได้

칼이 없어도 상관없다.　　ไม่ มี มีด ก็ได้

ไม่ มี มีด ก็ได้

가위가 없어도 상관없다.　　ไม่ มี กรรไกร ก็ได้

ไม่ มี กรรไกร ก็ได้

국자가 없어도 상관없다.　　ไม่ มี กระบวย ก็ได้

ไม่ มี กระบวย ก็ได้

컵이 없어도 상관없다.　　ไม่ มี ถ้วย ก็ได้

ไม่ มี ถ้วย ก็ได้

266 •

플러스 어휘 직접 쓰고 큰 소리로 말해보세요!	

젓가락 사용 못 해도 상관없다.   차이 따끼얍 마이 뻰 꺼다이

칼이 없어도 상관없다.   마이 미 밋 꺼다이

가위가 없어도 상관없다.   마이 미 깐끄라이 꺼다이

국자가 없어도 상관없다.   마이 미 끄라부아이 꺼다이

컵이 없어도 상관없다.   마이 미 투아이 꺼다이

53 อย่า 야-
~하지 마라

• 아야[야-]는 문장 앞에 위치하여 ~하지 마라라는 뜻으로 명령이나 지시를 할 때 쓰인다.

패턴 꽉!

• 방안으로 음식가지고 오지마.	อย่า เอา อาหาร มา ใน ห้อง
• 그녀를 믿지마.	อย่า เชื่อ เขา
• 열쇠 챙기는 거 잊지마.	อย่า ลืม เอา กุญแจ
• 선그라스 사는 거 잊지마.	อย่า ลืม ซื้อ แว่นกันแดด
• 사탕 자주 먹지마.	อย่า กิน ลูกอม บ่อยๆ

해설 +

규칙이나 정해진 질서에서 금지, 금기를 표현할 때는 ห้าม[함-]을 사용한다.

예 ห้าม เข้า [함- 카오] = 입장금지

어휘 더하기!

• เอา 갖다, 가져오다, 원하다
아오

• เชื่อ 믿다
츠어

• กุญแจ 열쇠
꾼째-

• แว่นกันแดด 썬그라스
왠-깐댓-

• ลูกอม 사탕
룩-옴

문장 읽기 성조에 맞게 큰소리로 읽어보세요!

• อย่า เอา อาหาร มา ใน ห้อง
야- 아오 아-한- 마- 나이 헝-

방안으로 음식가지고 오지마.

• อย่า เชื่อ เขา
야- 츠-아 카오

그녀를 믿지마.

• อย่า ลืม เอา กุญแจ
야- 름- 아오 꾼째-

열쇠 챙기는 거 잊지마.

• อย่า ลืม ซื้อ แว่นกันแดด
야- 름- 쓰- 왠-깐댓-

선그라스 사는 거 잊지마.

• อย่า กิน ลูกอม บ่อยๆ
야- 낀 룩-옴 버-이버-이

사탕 자주 먹지마.

아래 단어를 참고하여 직접 문장을 만들어 보세요!

↰ 세면도구와 관련된 어휘

• มีดโกน 면도기
  밋-꼰-

• ยาสระผม 샴푸
  야-싸폼

• ผ้าขนหนู 수건
  파-콘누-

• สบู่ 비누
  싸부-

• แปรงสีฟัน 칫솔
  쁘-랭씨-판

• ยาสีฟัน 치약
  야-씨-판

면도기 챙기는 거 잊지마.   อย่า ลืม เอา มีดโกน

อย่า ลืม เอา มีดโกน

샴푸 사는 거 잊지마.   อย่า ลืม ซื้อ ยาสระผม

อย่า ลืม ซื้อ ยาสระผม

비누 챙기는 거 잊지마.   อย่า ลืม เอา สบู่

อย่า ลืม เอา สบู่

방안으로 칫솔 가지고 오지마.   อย่า เอา แปรงสีฟัน มา ใน ห้อง

อย่า เอา แปรงสีฟัน มา ใน ห้อง

치약 사는 거 잊지마.   อย่า ลืม ซื้อ ยาสีฟัน

อย่า ลืม ซื้อ ยาสีฟัน

270

직접 쓰고 큰 소리로 말해보세요!

면도기 챙기는 거 잊지마.　　　　야 름 아오 밋꼰

샴푸 사는 거 잊지마.　　　　야 름 쓰 야싸폼

비누 챙기는 거 잊지마.　　　　야 름 아오 싸부

방안으로 칫솔 가지고 오지마.　　　야 아오 쁘랭씨판 마 나이 형

치약 사는 거 잊지마.　　　　야 름 쓰 야씨판

54 กรุณา 까루나-

~해주세요

• 가루나[까루나-]는 **~해주세요**라는 뜻으로 문장 앞에 위치하여 연장자나 공식적인 부탁을 할 때 사용한다.

패턴 꽉!

• 커튼을 열어주세요.	กรุณา เปิด ผ้าม่าน ค่ะ
• 컴퓨터를 끄지 마세요.	กรุณา ไม่ ปิด คอมพิวเตอร์ ค่ะ
• 5분만 더 기다려주세요.	กรุณา รอ อีก 5 นาที ค่ะ
• 천장을 고쳐주세요.	กรุณา ซ่อม เพดาน ค่ะ
• 그 날을 기억해 주세요.	กรุณา จำ วัน นั้น ค่ะ

해설 +

비교적 일반적인 대화에서는 ช่วย[추-아이] ···ให้หน่อย[하이너-이]를 쓴다.

~ 좀 해주세요, 도와주세요라는 표현이 된다.

예 ช่วย ถ่าย รูป ให้หน่อย ค่ะ [추-아이 타-이 룹- 하이너-이 카]

= 사진 좀 찍어주세요

어휘 더하기!

• ผ้าม่าน 커튼 파-만-	• อีก 더, 또 하나 익-	• จำ 기억하다 짬
• เปิด 열다, 틀다 쁘ㅓㅅ-	• เพดาน 천장 페-단-	

272 •

문장 읽기 성조에 맞게 큰소리로 읽어보세요!

- กรุณา เปิด ผ้าม่าน ค่ะ

  까루나– 쁘ㅓㅅ– 파–만– 카

  커튼을 열어 주세요.

- กรุณา ไม่ ปิด คอมพิวเตอร์ ค่ะ

  까루나– 마이 삣 컴–피우떠– 카

  컴퓨터를 끄지 마세요.

- กรุณา รอ อีก 5 นาที ค่ะ

  까루나– 러– 익– 하– 나–티– 카

  5분만 더 기다려주세요.

- กรุณา ซ่อม เพดาน ค่ะ

  까루나– 썸– 페–단– 카

  천장을 고쳐주세요.

- กรุณา จำ วัน นั้น ค่ะ

  까루나– 짬 완 난 카

  그 날을 기억해 주세요.

• 273

아래 단어를 참고하여 직접 문장을 만들어 보세요!

집과 관련된 어휘

- หน้าต่าง 창문
  나-땅-

- ประตู 문
  쁘라뚜-

- ไฟ 전등, 불
  파이

- หลังคา 지붕
  랑카-

- บันได 계단
  반다이

- ผนัง 벽
  파낭

창문을 열어 주세요.　　　กรุณา เปิด หน้าต่าง ค่ะ

กรุณา เปิด หน้าต่าง ค่ะ

문을 닫아 주세요.　　　กรุณา ปิด ประตู ค่ะ

กรุณา ปิด ประตู ค่ะ

불을 켜주세요.　　　กรุณา เปิด ไฟ ค่ะ

กรุณา เปิด ไฟ ค่ะ

지붕을 고쳐 주세요.　　　กรุณา ซ่อม หลังคา ค่ะ

กรุณา ซ่อม หลังคา ค่ะ

계단을 고쳐 주세요.　　　กรุณา ซ่อม บันได ค่ะ

กรุณา ซ่อม บันได ค่ะ

직접 쓰고 큰 소리로 말해보세요!

창문을 열어 주세요.　　　　　　까루나 쁘ㅓ ㅅ 나땅 카

문을 닫아 주세요.　　　　　　　까루나 삗 쁘라뚜 카

불을 켜주세요.　　　　　　　　까루나 쁘ㅓ ㅅ 파이 카

지붕을 고쳐 주세요.　　　　　　까루나 썸 랑카 카

계단을 고쳐 주세요.　　　　　　까루나 썸 반다이 카

55 ยินดีด้วยที่... 인디-두아-이 티-

~해서 축하해

포인트 콕!

• ยินดีด้วยที่[인디- 두아- 이 티-]는 **~해서 축하하다** 라는 뜻을 나타낸다.

패턴 꽉!

• 결혼한 거 축하해.	ยินดีด้วยที่ แต่งงาน
• 출산한 거 축하해.	ยินดีด้วยที่ คลอดลูก
• 시험 통과한 거 축하해.	ยินดีด้วยที่ สอบ ผ่าน
• 성공한 거 축하해.	ยินดีด้วยที่ สำเร็จ
• 목표 이룬 거 축하해.	ยินดีด้วยที่ บรรลุ เป้าหมาย

해설 +

สุขสันต์[쑥싼]은 **행복을 바란다** 라는 뜻으로 보통 기념일을 축하할 때 쓰인다.

◎ สุขสันต์ วันเกิด [쑥싼 완끄ㅓㅅ-] = 생일 축하해

สุขสันต์ วันปีใหม่ [쑥싼 완삐-마이] = 새해 복 많이 받으세요

어휘 더하기!

• คลอดลูก 출산하다
클럿-룩-

• ผ่าน 통과하다
판-

• บรรลุ 이루다, 달성하다, 해내다
반루

• สอบ 시험보다
썹-

• สำเร็จ 성공하다
쌈렛

• เป้าหมาย 목표
빠오마-이

- ยินดีด้วยที่ แต่งงาน
  인디–두아–이티–   땡–응안–
  결혼한 거 축하해.

- ยินดีด้วยที่ คลอดลูก
  인디–두아–이티–   클럿–룩–
  출산한 거 축하해.

- ยินดีด้วยที่ สอบ ผ่าน
  인디–두아–이티–   썹–   판–
  시험 통과한 거 축하해.

- ยินดีด้วยที่ สำเร็จ
  인디–두아–이티–   쌈렛
  성공한 거 축하해.

- ยินดีด้วยที่ บรรลุ เป้าหมาย
  인디–두아–이티–   반루   빠오마–이
  목표 이룬 거 축하해.

아래 단어를 참고하여 직접 문장을 만들어 보세요!

회사와 관련된 어휘

- เลื่อนตำแหน่ง 승진하다
  르-안땀냉-
- ได้งาน 취직하다
  다-이웅안-
- สัมภาษณ์ 면접보다
  쌈팟-

- โบนัส 보너스
  보-낫
- โครงการ 프로젝트
  크롱-깐-
- สัมมนา 세미나
  쌈마나-

승진한 거 축하해.　　ยินดีด้วยที่ เลื่อนตำแหน่ง

ยินดีด้วยที่ เลื่อนตำแหน่ง

취직한 거 축하해.　　ยินดีด้วยที่ ได้งาน

ยินดีด้วยที่ ได้งาน

면접 통과한 거 축하해.　　ยินดีด้วยที่ สัมภาษณ์ ผ่าน

ยินดีด้วยที่ สัมภาษณ์ ผ่าน

프로젝트 성공한 거 축하해.　　ยินดีด้วยที่ โครงการ สำเร็จ

ยินดีด้วยที่ โครงการ สำเร็จ

세미나 성공한 거 축하해.　　ยินดีด้วยที่ สัมมนา สำเร็จ

ยินดีด้วยที่ สัมมนา สำเร็จ

직접 쓰고 큰 소리로 말해보세요!

승진한 거 축하해.   인디두아이티 르안땀냉

취직한 거 축하해.   인디두아이티 다이응안

면접 통과한 거 축하해.   인디두아이티 쌈팟 판

프로젝트 성공한 거 축하해.   인디두아이티 크롱깐 쌈렛

세미나 성공한 거 축하해.   인디두아이티 쌈마나 쌈렛

내 인생 첫 번째 태국어

내첫태
55패턴
태국어회화